Zen Sexe

une approche spirituelle de la sexualité

philip toshio sudo

traduit de l'américain par
Normand Paiement

Données de catalogage avant publication (Canada)
Sudo, Philip Toshio

Zen sexe

(Le sexe en liberté)
Traduction de: Zen sex.

1. Éducation sexuelle – Aspect religieux – Bouddhisme zen. 2. Sexualité – Aspect religieux – Bouddhisme zen. I. Titre. II. Collection: Sexe en liberté.

HQ61.S9214 2002 613.9'6 C2002-940596-3

DISTRIBUTEURS EXCLUSIFS:

- Pour le Canada
et les États-Unis:
MESSAGERIES ADP*
955, rue Amherst
Montréal, Québec
H2L 3K4
Tél.: (514) 523-1182
Télécopieur: (514) 939-0406
* Filiale de Sogides ltée

- Pour la France et les autres pays:
VIVENDI UNIVERSAL PUBLISHING SERVICES
Immeuble Paryseine, 3, Allée de la Seine
94854 Ivry Cedex
Tél.: 01 49 59 11 89/91
Télécopieur: 01 49 59 11 96
Commandes: Tél.: 02 38 32 71 00
Télécopieur: 02 38 32 71 28

- Pour la Suisse:
VIVENDI UNIVERSAL PUBLISHING SERVICES SUISSE
Case postale 69 - 1701 Fribourg - Suisse
Tél.: (41-26) 460-80-60
Télécopieur: (41-26) 460-80-68
Internet: www.havas.ch
Email: office@havas.ch
DISTRIBUTION: OLF SA
Z.I. 3, Corminbœuf
Case postale 1061
CH-1701 FRIBOURG
Commandes: Tél.: (41-26) 467-53-33
Télécopieur: (41-26) 467-54-66

- Pour la Belgique et le Luxembourg:
VIVENDI UNIVERSAL PUBLISHING SERVICES BENELUX
Boulevard de l'Europe 117
B-1301 Wavre
Tél.: (010) 42-03-20
Télécopieur: (010) 41-20-24
http://www.vups.be
Email: info@vups.be

L'ouvrage original a été publié par HarperSanFrancisco
(HarperCollins Publishers, Inc.)
sous le titre *Zen Sex*

Dépôt légal: 2e trimestre 2002
Bibliothèque nationale du Québec

ISBN 2-8911-7028-8

Gouvernement du Québec – Programme de crédit d'impôt pour l'édition de livres – Gestion SODEC.

L'Éditeur bénéficie du soutien de la Société de développement des entreprises culturelles du Québec pour son programme d'édition.

Nous reconnaissons l'aide financière du gouvernement du Canada par l'entremise du Programme d'aide au développement de l'industrie de l'édition (PADIÉ) pour nos activités d'édition.

table des matières

À Tracy

et à nos trois miracles :

Naomi,

Keith

et

Jonathan

愛

qu'entend-on par « érotisme zen » ?

Pourquoi vous objecter à ce qu'un moine aime le sexe
Et soit passionné, rempli d'ardeur et d'excitation ?
Ikkyu Sojun
maître zen (1394-1481)

Nombreux sont les chemins qui mènent à la sagesse. Le zen en est un. La sexualité également.

Ici se trouve le point de rencontre de ces deux voies.

Ce rapprochement peut a priori surprendre : en effet, quel lien peut-il bien y avoir entre zen et sexualité ? Le mot *zen* est censé évoquer la quiétude, la sérénité et l'impassibilité symbolisées par les pierres de jardin. Pour vous donner une idée de ce que peut être la sexualité réduite à sa plus simple expression, imaginez deux amants faisant l'amour sans même remuer le petit doigt ! Voilà qui semble plutôt excitant, ne trouvez-vous pas ?

Mais les moines zen ne font-ils pas vœu de chasteté, en principe? Leur règle de vie n'est-elle pas fondée sur l'ascétisme? Dans ce cas, comment peut-on, ne serait-ce que d'un strict point de vue théorique, associer le zen à la sexualité?

Ce livre soutient pourtant que l'érotisme zen existe bel et bien: c'est même une chose extraordinaire qui n'a rien de minimaliste. Pour tout dire, en la matière, *rien ne vaut le sexe style zen!*

Comment y parvenir et à quelle fin? Voilà ce dont il sera question dans cet ouvrage.

Nous vivons à une époque où le sexe est devenu une véritable obsession. Depuis les révélations faites sur la vie sexuelle des hommes politiques jusqu'à l'étalage sur un petit écran de plus en plus racoleur des dernières perversions à la mode, en passant par les sites pornographiques, le Viagra et le harcèlement sexuel, nous sommes littéralement bombardés de messages et d'images à caractère sexuel. On a politisé et criminalisé la sexualité, on en a fait un objet à sensation aussi bien que de divertissement et, depuis la crise du sida, on l'a même associée à la mort. Le discours ambiant est pour le moins équivoque. D'une part on présente le sexe comme quelque chose d'immoral, de sale et de dangereux. De l'autre, si vous éprouvez des difficultés à atteindre l'orgasme absolu, tel magazine, tel produit, telle méthode se vante de pouvoir solutionner votre problème.

Or, au milieu de cette confusion mentale, une vérité demeure:

La sexualité est quelque chose de sacré.

Car nos obsessions sexuelles – qui couche avec qui? à quelle fréquence? dans quelle position? – nous font parfois oublier que la sexualité contribue, par définition, à nous relier à la source créatrice par excellence.

Nous sommes tous issus de l'union d'un spermatozoïde et d'un ovule, d'un homme et d'une femme. Dans son acception la plus sublime, l'acte sexuel nous renvoie à notre propre genèse ; il transcende la simple satisfaction de nos besoins vitaux pour nous révéler notre nature spirituelle en nous faisant participer à la Création du monde ; symbole absolu des origines de la vie, il devient ainsi quête spirituelle et revêt dès lors un caractère aussi sacré que n'importe quel rite liturgique ou autre rituel religieux.

De même, l'étude du zen nous ramène aussi à nos origines. Celui-ci stipule que chacun de nous a la possibilité de ranimer la flamme divine qui sommeille en lui, de s'abreuver à la source de toute chose, et de transcender ainsi les limites de l'espace et du temps.

Nées en Inde et en Chine, les idées véhiculées par le zen sont millénaires. Bien que souvent associé au bouddhisme, le zen à l'état pur n'est pas une religion, mais une philosophie à caractère spirituel. D'origine japonaise, le mot *zen* signifie méditation ou absorption. Dans le zen traditionnel, l'accent est mis sur les exercices de respiration visant à plonger l'adepte dans un état méditatif mais, dans son sens le plus large, cette philosophie implique plus simplement de « s'absorber » dans la vie, dans l'*essence* de la vie. Sérénité et méditation sont autant d'aspects sous lesquels on peut se représenter l'état zen, mais le zen lui-même est énergie active. Il suit les voies de la nature et, comme elle, il varie selon les saisons.

Zen

Prétendre que le zen n'a rien à voir avec le sexe revient à dire que la sexualité n'est pas naturelle. Or, rien n'est plus faux. Le zen permet à la nature de s'exprimer à travers toutes nos activités, quelles qu'elles soient, aussi aisément qu'il favorise l'épanouissement d'une fleur de cerisier au printemps.

Certains religieux renoncent parfois à toute activité sexuelle, considérée par eux comme une convoitise terrestre qu'il convient de sublimer. C'est notamment le cas des moines, et en particulier de ceux qui pratiquent le bouddhisme zen, qui s'est érigé en un système de valeurs fondé sur des préceptes stricts et rigoureux. En entrant au monastère, le postulant est tenu de faire vœu d'ascétisme, considéré comme une méthode de purification. Or, pour le zen à l'état pur, la voie menant à l'illumination ne peut être assujettie à une quelconque doctrine ou orthodoxie religieuse. L'un des maîtres zen les plus réputés de l'histoire, Ikkyu Sojun (1394-1481), avait pour coutume de ridiculiser les règles monastiques et les excès auxquels celles-ci donnaient lieu. Dans ses poèmes, il chante fréquemment les vertus du vin et de l'amour charnel, allant jusqu'à encourager ses contemporains à prendre amant ou maîtresse, et à fréquenter les bordels. En voici un extrait célèbre, typique à cet égard.

Dix jours
Au monastère
À l'exaspération m'ont conduit.
Le long cordon rouge
Sur mes pieds
Sans interruption se déploie.
Si un jour tu pars
À ma recherche,
Renseigne-toi
Auprès des poissonniers,
À la taverne,
Ou au bordel.

Ikkyu ne concevait pas qu'on puisse atteindre l'illumination en bannissant tout rapport entre hommes et femmes. Au contraire, la sexualité constituait pour lui un adjuvant indispensable à cette quête. On ne peut venir au monde sans qu'il y ait union charnelle, affirmait-il; au moment de la naissance, le «cordon rouge» du flux sanguin nous relie incontestablement au sexe. Et ce long cordon rouge remonte sans interruption aux origines mêmes de chaque individu. Nous sommes le fruit de l'acte sexuel. Au lieu de chercher à nier cette évidence, nous devrions l'accepter avec enthousiasme, soutenait Ikkyu. Lorsqu'il se rendait dans des lieux de plaisirs, il portait ostensiblement ses vêtements sacerdotaux, histoire de bien montrer le caractère spirituel de ses activités:

On me glorifie tel un général du Zen,
Jouissant sans retenue du sexe et de la vie!

L'illumination est possible à tout moment, que ce soit en faisant l'amour ou en s'abîmant dans la contemplation. Tout est susceptible d'y conduire, car le zen s'applique à toute chose, de toute éternité. Quelle que soit la voie empruntée – tir à l'arc, motocyclisme, jardinage, arts martiaux, guitare ou sexe –, la lumière au bout du tunnel est immuable, comme Ikkyu l'exprime si bien:

Nombreux sont les sentiers
Au pied de la montagne,
Mais au sommet
Luit aux yeux de tous
Une seule et même lune.

Ouvrez votre esprit à cette vérité ; le lieu, l'art et la manière sont sans importance. L'érotisme, comme tout le reste, vous offre une chance égale de parvenir à l'éveil.

Ils sont légion les êtres en quête de sexe – ceux pour qui le sexe ne présente aucun intérêt, ceux qui en éprouvent de la honte et ceux pour qui le sexe est une drogue, peu importe ! – qui sont incapables de s'épanouir et de se transformer. Or, il suffit d'appliquer les préceptes zen à la sexualité pour découvrir toute la spiritualité qui se dégage de cette activité, sans oublier que cette dernière permet d'arriver à un degré inégalé de communion avec l'autre. Or, c'est dans cet état de fusion que les principes immuables qui régissent l'univers tout entier, aussi bien que notre vie personnelle, se manifestent au grand jour. Il apparaît clairement que la vérité révélée par Ikkyu est à l'œuvre en permanence, que ce soit dans la chambre à coucher ou à l'extérieur de celle-ci. On comprend dès lors que l'érotisme zen donne à la vie tout son sens.

Mais attention ! Cet ouvrage ne constitue pas pour autant une version moderne du Kama Sutra. Vous n'y trouverez ni exercice destiné à accroître vos performances sexuelles ni la révélation de quelque secret érotique oublié, pas plus que la description détaillée de quelque technique susceptible de rendre votre partenaire fou de joie. Il ne soutient pas non plus qu'en matière de jeux érotiques tout est permis ou que vous deviez obligatoirement essayer tout ce qui vous procure du plaisir, pas plus qu'il ne vous exhorte à faire preuve de retenue en ce qui a trait à vos habitudes sexuelles et à la fréquence de vos rapports. Que vous fassiez l'amour deux fois par mois ou deux fois par jour, cela ne regarde que vous. L'érotisme zen constitue une invitation à faire l'amour comme à l'ordinaire, *mais avec une conscience extraordinaire.* Comme le fait si bien remarquer le célèbre maître zen Rinzai (780-866), le zen véritable est terre-à-terre, naturel, et n'a rien de particulier en soi : « Chiez et pissez, habillez-vous, mangez et, dans tout ce que vous faites, agissez comme d'habitude. »

N'allez surtout pas croire qu'il est mal d'agir ainsi. Au contraire ! C'est en jetant un regard neuf, comme l'enseigne le zen, sur les choses ordinaires de la vie que l'on découvre leur côté extraordinaire. C'est d'ailleurs cette compréhension qui vous aidera à cultiver l'amour qui est en vous et vous rendra apte à vous laisser transporter de joie et à donner du plaisir, vous menant ainsi aux portes du paradis. Le problème vient de ce que nous considérons toutes ces choses comme allant de soi. La vie que nous menons nous semble parfois si « ordinaire » que nos sens finissent par s'émousser. Nous réclamons sans cesse de quoi pimenter notre existence : du champagne, par exemple, alors que nous disposons d'eau pure à profusion. Un flux vibratoire, une énergie vitale, sexuelle par nature, parcourt chaque être vivant. Nous en sommes tous issus, nous en sommes tous la manifestation. Plus nous nous harmonisons avec cette énergie « ordinaire », plus nous nous émerveillons devant sa puissance phénoménale et plus nous sommes en mesure de la percevoir et de la laisser s'exprimer à travers nous, que ce soit dans notre vie quotidienne ou au cours de nos ébats amoureux.

Le défi véritable consiste à « s'immerger » dans cette énergie, à s'en imprégner au point de la ressentir à tout moment. Dans la philosophie zen, tout peut être occasion de méditer, de s'abîmer dans la contemplation, que ce soit par la prière ou en s'envoyant en l'air, comme Ikkyu inclinait à le faire, selon ses propres dires : « Mieux vaut la brise automnale d'une seule nuit d'amour que cent mille ans assis à méditer en pure perte. »

Ce qui fait de l'érotisme zen quelque chose de prodigieux tient donc moins à sa capacité de vous permettre d'atteindre l'orgasme absolu qu'à la possibilité qu'il vous offre de remodeler votre esprit en modifiant votre manière d'être, de faire l'amour et de voir le monde. Rien ne vaut le sexe style zen, moins parce qu'il vous amène à réaliser tous vos fantasmes que parce qu'il vous permet de vous « absorber » entièrement dans l'acte sexuel, sans aucune arrière-pensée, et de découvrir par le fait même la perfection de l'Amour absolu.

La voie de l'amour charnel permet en effet d'accéder à cette vérité. Il suffit pour cela d'appliquer à la sexualité les mêmes principes transcendants qui gouvernent les pratiques zen en général. Cette voie est ouverte à tous, hommes ou femmes, jeunes ou vieux, mariés ou célibataires, homos ou hétéros. Que vous ayez ou non un partenaire régulier, vous êtes libre d'emprunter cette voie en tout temps et en tout lieu, avec la personne de votre choix, car la vérité zen est accessible à tout instant à quiconque s'efforce avec ferveur de l'atteindre. Il n'en tient par conséquent qu'à VOUS d'appréhender cette vérité.

Aucun manuel ne saurait vous enseigner l'art de faire l'amour ; il pourrait au mieux vous servir de guide. Il en va de même pour ce traité d'érotologie zen : tout est dans la pratique, et celle-ci ne dépend que de vous. « La voie de l'éveil ne peut être enseignée, il faut s'y engager », dit un vieil adage zen.

Cet ouvrage est divisé en trois parties portant respectivement sur l'intellect, le corps et l'esprit. À chacune correspond un symbole distinct, à savoir le carré, le triangle et le cercle. J'ai emprunté ces figures géométriques à un tableau classique du maître zen Sengai Gibon (1751-1837) ; elles évoquent le mystère éternel que constitue le zen. Même si Sengai n'a jamais jugé utile de fournir d'explications sur le sens profond de son œuvre, j'ai choisi d'illustrer à l'aide de ces symboles les trois aspects fondamentaux de cette approche spirituelle de la sexualité.

L'intellect est désigné par un carré, qui représente le carcan dont notre mental doit se libérer.

Le corps est désigné par un triangle, qui représente ce temple que constitue notre personne physique.

Enfin, l'esprit est désigné par un cercle, qui représente pour sa part le fait que, de par sa nature même, il englobe tout et n'a ni commencement ni fin.

Mais ne vous y trompez pas : ce qui vaut pour l'un vaut aussi pour les deux autres, car la voie de l'illumination ne souffre aucune division. Pour pouvoir vous consacrer adéquatement à l'acte sexuel, tout votre être doit y participer pleinement.

Faites simplement l'amour dans le sens le plus profond de cette expression et ressentez le pouvoir de l'Amour absolu dans toute sa splendeur. Puis, après avoir succombé à l'abandon total, laissez-vous envahir par la sensation bienfaisante de flotter au-dessus des nuages, prenez une grande respiration et, du plus profond de votre être, murmurez tendrement ces paroles à l'oreille de votre partenaire : *J'ai senti la Terre bouger.*

les sept voies de l'intellect

Multiples sont les voies par lesquelles la pensée se fait connaître, mais toujours en chacune la même vérité céleste se manifeste.

Ikkyu

Le désir
L'imagination
La découverte
L'initiative
L'anticipation
La surprise
La familiarité

la voie du désir

Le désir est mon insoluble koan.
Ikkyu

Au nombre des méthodes traditionnelles d'enseignement du zen figure l'étude des *koans,* considérés comme l'un des meilleurs moyens d'aider chaque élève à découvrir sa vraie nature. Il s'agit de problèmes absurdes en apparence, mais auxquels le disciple est invité à réfléchir en vue de découvrir la réalité suprême. Le plus célèbre de tous se lit comme suit : « Quel est le son produit lorsqu'une seule main applaudit ? » Cette question ne comportant pas de solution logique, elle oblige l'élève à dépasser les limites du raisonnement et à parvenir à un niveau de compréhension supérieur. Un même koan peut être le point de départ d'une infinité de révélations en vertu desquelles la vérité se dévoile par couches successives, rendant ainsi l'esprit de plus en plus disponible pour l'éveil.

Ikkyu avait pour koan la voie du désir. « Celui qui a soif songe à l'eau ; celui qui a froid songe au feu, écrivait-il. Moi, c'est un boudoir de femme que je vois en songe : telle est ma nature. » Bravant les interdits, il avait pour ambition de s'affranchir des institutions zen de son temps et de découvrir la vérité dans l'univers concret des tavernes et autres lieux de plaisirs.

Koan

Ces koans démodés et puérils sont tout au plus
des moyens de feindre la vertu.
Cette jeune et exquise prostituée est vêtue d'un
peignoir satiné entrouvert d'environ un
pouce.

Et c'est dans cet interstice que vient se glisser son koan.

La vue d'une gracieuse courtisane au kimono entrouvert de manière suggestive avait de quoi plonger Ikkyu dans une méditation aussi profonde que le son produit lorsqu'une seule main applaudit : « Quelle est la source de mon excitation ? Pourquoi ces désirs sexuels en moi ? Comment puis-je découvrir la vérité suprême à travers eux ? » Selon Ikkyu, plus nous approfondirons ces questions, meilleure sera notre connaissance de l'énergie cosmique qui se manifeste en toute chose et dans tout acte.

D'après la légende, Ikkyu aurait atteint l'illumination en entendant le croassement d'un corbeau. Au cours des années qui ont suivi, alors qu'il avait commencé à se livrer au libertinage et à fréquenter les gens « ordinaires », il a écrit ceci :

Le cri de la corneille était admirable, mais une nuit avec une adorable putain m'a procuré davantage de sagesse que cet oiseau.

De nos jours encore, le refus d'Ikkyu de renoncer à toute activité sexuelle ne manque pas de susciter la controverse. Les restrictions imposées par la vie monastique condamnent les moines zen à la chasteté ; selon les enseignements du Bouddha lui-même, le célibat était une condition nécessaire à l'atteinte de l'éveil. Il a d'ailleurs mis ses disciples en garde contre le risque de renaître en enfer s'ils succombaient à la tentation. Ikkyu était pourtant d'avis qu'il était impératif de transgresser les règles prescrites par Bouddha. « Qui a encore besoin d'un bouddhisme enseigné par des maîtres réduits à l'état de squelettes ? » demandait-il. Un jour, après avoir mangé de la pieuvre (un mets interdit, selon la doctrine zen), il fit cette remarque : « Quel goût exquis que celui de la mer ! Pardonne-moi, Bouddha, mais voilà une autre prescription que je suis bien incapable d'observer. » Il rejetait toute forme de conformisme et n'éprouvait que mépris à l'égard de ceux qui croyaient que la voie de l'illumination passait obligatoirement par une stricte observance des préceptes zen.

Suis aveuglément la règle du célibat et tu ne vaudras guère mieux qu'un âne.
Transgresse-la et naturellement un homme tu seras.
Les voies du zen sont aussi innombrables que les grains de sable sur les rives du Gange.
Tout nouveau-né est le fruit de l'union conjugale.
Depuis combien de siècles déjà les mystérieux bourgeons continuent-ils de fleurir et de se faner ?

Aux côtés d'une jeune beauté je m'adonne avec ferveur
aux jeux de l'amour;
Assis dans le pavillon, fille de joie et moine zen.
Baisers et caresses me ravissent
Et ne me donnent point l'impression de brûler en enfer.

Mais, en dépit de la ferveur avec laquelle il s'adonnait aux jeux de l'amour, Ikkyu ne sous-estimait pas pour autant les dangers inhérents au désir. En contrevenant aux règles de son monastère, il risquait de sombrer dans la déchéance; il n'ignorait pas qu'un seul faux pas pouvait le faire dévier à jamais de sa voie. Il était néanmoins disposé à courir ce risque. «Le Paradis est accessible à tous, écrivait-il. Rares sont ceux qui ont accès à l'Enfer.» Il voulait dire par là que l'état d'éveil est à la portée de chacun, mais qu'il est extrêmement difficile d'y parvenir et, surtout, d'y *rester dans un monde où abondent les tentations.* Il est dès lors essentiel de demeurer en tout temps fidèle aux principes zen et de savoir *goûter* aux plaisirs de la vie sans se laisser *dominer* par eux.

Ikkyu a choisi de relever pareil défi parce qu'il lui paraissait impossible de supprimer pour toujours tout désir humain. «Je dois admettre que ma passion ne me quitte jamais, notait-il. Le feu est roi et maître, pourtant l'herbe tendre repousse au printemps.» Il professait qu'il fallait par conséquent se laisser absorber par ses désirs, et non laisser ces derniers nous dicter notre conduite. Si on se laisse dominer par ses passions, on n'agit plus que par ignorance et égoïsme, sans jamais se satisfaire de ce qu'on possède ou de ce qu'on est. Or, il est possible de rester maître de ses désirs en apprenant à mieux les connaître, en découvrant leur vraie nature. Une telle approche est même indispensable pour qui veut trouver le chemin de la sagesse et du bonheur. « Ne détiennent assez que ceux qui savent quand assez est assez », peut-on lire dans le *Tao-te king,* un ouvrage classique qui reflète bien la pensée orientale.

Avez-vous le désir d'être aimé et d'avoir une vie sexuelle plus stimulante ? Il est par conséquent essentiel d'identifier vos besoins et de savoir les accepter comme tels. Ne sous-estimez pas la somme de courage nécessaire à une telle démarche. Notre monde fourmille d'individus solitaires, repliés sur eux-mêmes et incapables d'admettre qu'ils sont privés d'affection. Certains restent cloîtrés chez eux, vivant dans la crainte du rejet, rongés par le sentiment qu'ils ne méritent pas d'être aimés, ou persuadés au contraire que personne n'est digne d'eux. D'autres languissent dans une relation qui s'est flétrie au fil des ans. Ils ont toujours une bonne excuse pour éviter d'aller de l'avant. Seule une catastrophe ou l'entêtement d'un missionnaire obstiné peut parvenir à percer leur carapace.

Mais vous qui entreprenez par cette lecture une démarche exploratoire, vous venez, en acceptant l'idée que vous avez des désirs, de franchir le premier pas qui vous mène sur le sentier de la croissance personnelle. Votre périple peut commencer, et il vous conduira à une connaissance toujours plus approfondie de votre être intérieur.

Pour bien des gens, avoir des désirs présuppose être en manque de quelque chose, comme si un quelconque vide intérieur avait besoin d'être comblé par quelque chose d'extérieur à soi. Dans bien des cas, nous cherchons effectivement le bonheur dans notre environnement immédiat, espérant que le prince charmant nous emmènera dans son château ou, plus prosaïquement, que les autres modifieront leur comportement pour nous faire plaisir.

La philosophie zen nous enseigne à cesser de chercher à l'extérieur de nous la solution à nos problèmes. La réponse à nos attentes ne se trouve pas « là », elle est « ici », à l'intérieur de nous. Le secret du bonheur – la clé d'une vie sexuelle bien remplie ou, tout simplement, d'une vie réussie – réside en chacun de nous, et pas ailleurs.

« Quelle est la voie à suivre ? » demanda un disciple à maître Nansen. Ce dernier lui répondit : « La vie de tous les jours te montre la voie. » Soyez attentif à l'expérience existentielle, à l'expérience sexuelle en elle-même, et vous prendrez conscience que vous avez déjà ce que vous croyez désirer.

Si nous ne désirions rien de plus que la satisfaction de nos besoins sexuels, la masturbation nous conviendrait parfaitement. Mais il nous faut davantage : quelqu'un avec qui partager un peu d'affection et batifoler gaiement au lit. Tant que nous refuserons d'examiner les causes de notre propension à rechercher le bonheur ailleurs, nos aspirations les plus profondes ne seront jamais satisfaites.

Le zen enseigne que nous possédons *déjà* ce que nous souhaitons ardemment. Nous sommes le résultat de nos désirs, tout comme chacun sur cette planète est le fruit de l'union charnelle d'un homme et d'une femme. Il suffit simplement d'en prendre connaissance. Si vous cherchez à atteindre l'illumination ou à pratiquer l'érotisme zen pour mettre du piquant dans votre vie ou la rendre plus excitante, vous faites fausse route. Vous ne serez pas plus vivant pour autant, mais peut-être serez-vous plus *conscient* de l'être.

Une fois que nous avons compris que nous sommes faits de ce que nous recherchons, nous pouvons commencer à maîtriser nos passions, à « désirer sans désir ». Que votre vie sexuelle découle tout naturellement de votre manière de vivre. N'en faites pas un objectif en soi : « Il faut que je m'envoie en l'air ce soir », « Il faut que je parvienne à l'orgasme », « Il faut que je fasse jouir ma compagne plusieurs fois de suite »... Votre conduite serait alors dictée par votre trop grand désir. Contentez-vous de vivre et de faire l'amour avec toute la ferveur dont vous êtes capable, en vous laissant absorber par l'activité à laquelle vous vous adonnez. Ne vous contentez pas d'essayer, *agissez*. En chinois, ce principe s'appelle *wou-wei*, expression qui signifie: « agir sans avoir l'intention d'agir ». Le *Tao-te king* considère ce principe comme la voie absolue de la sagesse.

Sur la voie de l'éveil, chercher n'est pas gage de succès.

Ainsi,
Le sage connaît la fin dès le début.
Il trouve sans chercher,
Arrive sans partir,
Accomplit sans agir
Et sait sans chercher à comprendre.

On a superficiellement l'impression que le *wou-wei* est un autre de ces énigmatiques concepts orientaux qui n'ont ni rime ni raison. Pourtant, la vérité zen se situe bien au-delà des mots, dont la portée est limitée et qui sont souvent source de méprises. Quand nous disons: « Plus ça change, plus c'est pareil », nous n'ignorons pas qu'il y a là contradiction dans les termes. Mais notre expérience de la vie nous permet de comprendre le sens caché de cette phrase en apparence sibylline. Il en est de même pour le zen.

Ainsi, nombreux sont les hommes qui sont obsédés par l'idée d'avoir dans leur lit une femme qui soit « vierge et putain », c'est-à-dire à la fois inexpérimentée et expérimentée en matière de jeux érotiques. À l'inverse, plus d'une femme qui souhaiterait ouvertement avoir à ses côtés un homme tendre et affectueux se laisse séduire par des machos qui n'hésitent pas à les violenter. Dans les deux cas, un malentendu subsiste. Car comment peut-on croire qu'une même personne puisse satisfaire des désirs aussi antagonistes ?

Les personnes qui comprennent le principe du *wou-wei* savent néanmoins qu'il est possible d'être ingénue sans être vierge, libertine sans être une prostituée, de même que doux et viril à la fois. Nous sommes tous des êtres complexes aux multiples facettes. Certaines s'harmonisent bien entre elles alors que d'autres s'opposent totalement. Selon que nous sommes au travail, à la maison ou dans la chambre à coucher, nous sommes quelqu'un de différent. Le zen nous enseigne à faire l'amour avec *tout* notre être. Au lit, soyez à la fois innocence et expérience. Que votre cœur soit pur, mais également rempli de désir pour votre partenaire. Procurez-lui simultanément l'excitation du danger et le confort de la sécurité. Ne vous contentez pas d'essayer, agissez !

L'excitation sexuelle devrait survenir tout naturellement, de manière spontanée, de même qu'une fleur s'épanouit ou qu'un fruit mûr tombe de l'arbre le moment venu. Se sentir émoustillé sans même y penser, éprouver du désir sans le désirer : il n'y a pas façon plus zen d'être et d'agir !

Le principal défi reste de faire à tout moment ce qu'il est tout naturel de faire ; d'exprimer notre vraie nature dans chacun de nos gestes ; de vivre en étant conscient à la fois de l'immensité de l'univers et des plus infimes éléments qui composent notre être. Si le désir se manifeste, laissez-vous mener à travers lui jusqu'à la vérité, en vous assurant que la satisfaction de ce désir s'inscrit dans le contexte d'une quête spirituelle. Restez à l'écoute de l'instant présent, laissez-vous absorber entièrement par lui et la voie du désir débouchera sur l'érotisme zen.

Lorsque votre partenaire s'offrira à vous, plongez dans l'état de méditation tout en lui faisant l'amour. En définitive, comme le dit si bien Ikkyu :

Un seul koan importe :
Vous.

l a   v o i e   d e   l ' é r o t i s m e   z e n

Demandez-vous:
Qu'est-ce qui m'excite sur le plan sexuel?

Votre réponse va-t-elle au fond des choses?

z

s e x e

n

la voie de l'imagination

J'ai rêvé que j'étais un papillon en train de rêver qu'il était un homme.
Tchouang-tseu (369-286 av. J.-C.)

Il n'existe pas de meilleur aphrodisiaque que les fantasmes nés de notre imagination. Il suffit d'un élément déclencheur – une photo aperçue dans un magazine, le son d'une voix au téléphone, un moment de rêverie à la fenêtre – pour qu'apparaissent aussitôt sur notre écran mental, pour la plus grande joie de l'unique spectateur que nous sommes, les scènes érotiques les plus torrides qui se puissent concevoir. « Nulle pensée ne traverse l'esprit de la jeune fille attentive aux déclamations du poète, écrit Ikkyu, mais lui l'imagine allongée sous le porche tandis qu'elle est à l'écoute. » Quels que soient l'objet de notre désir et la manière dont nous le convoitons, notre cerveau ne manque jamais de se faire son cinéma intérieur.

Les fantasmes érotiques sont des rêves éveillés qui nous livrent les clés de notre psychisme individuel. Grâce à eux, nous sommes en mesure de procéder à un examen approfondi de nos pulsions sexuelles. Provenant de la source même de notre créativité – notre imagination –, ils se situent à l'intersection de notre conscience et de notre subconscient. Par définition, les fantasmes ne sont pas « réels ». Mais la voie de l'imagination consiste justement à percevoir l'interaction qui existe entre le réel et l'imaginaire, entre la conscience et le subconscient. Histoire de souligner ce fait, Ikkyu signait souvent ses poèmes d'amour du pseudonyme de Mokei, mot qui signifie « boudoir des rêves ». Selon la philosophie zen, la voie qui mène à la vérité se situe entre le rêve et la réalité.

Les maîtres zen enseignent que l'espace et le temps – qui forment ce que nous appelons la réalité – ne sont qu'une illusion derrière laquelle se dissimule, de toute éternité, une cause située en dehors du temps et de l'espace. Bouddha a exprimé ainsi cette idée :

Toutes les choses disparates
Sont pareilles à un rêve, à une chimère, à une bulle de savon, à une ombre ;
Elles sont comme la goutte de rosée et l'éclair qui illumine le ciel,
Et doivent être considérées comme telles.

La difficulté consiste à percevoir cette illusion tout en continuant de vivre dans le monde des sens et des plaisirs charnels. « Cette trique existe-t-elle ? » demanda le maître zen à son disciple. Et ce dernier de répondre : « Toute chose étant une invention de l'esprit, elle n'existe donc pas. » Et le maître d'en administrer un coup à son disciple en l'interrogeant : « Dans ce cas, qu'est-ce qui vient de te frapper ? » Le message à retenir est le suivant : Nous participons à la fois du monde abstrait et du monde physique. Un adage zen dit à juste titre : « Les choses ne sont pas ce qu'elles paraissent être, mais elles ne sont pas autre chose non plus. »

Nos fantasmes sexuels, en puisant à la même source d'énergie qui engendre la Grande Illusion, ont le pouvoir de nous mettre en contact avec cette réalité. Notre mythomanie fait simultanément de nous des acteurs et des spectateurs, tant à l'intérieur qu'à l'extérieur de notre corps. La voie de l'imagination conduit à percevoir l'illusion qui se cache derrière l'illusion, le spectacle au cœur du spectacle, et à prendre ainsi conscience de la force mystérieuse qui projette des images sur notre écran mental.

Tout produit de notre imagination provient de cette source unique ; celle-ci nous révèle donc une vérité universelle. Nous avons beau être les vedettes de nos fantasmes sexuels et imaginer que des mains avides nous arrachent nos vêtements, en dernier ressort, nous ne sommes pas les auteurs véritables de ces scénarios. Nous sommes de simples canaux à travers lesquels s'exprime cette imperceptible énergie vitale. Nous ne sommes en définitive que des personnages faisant brièvement une apparition sur scène, des rêveurs qui se voient en songe au milieu d'un rêve. C'est ce sentiment qu'exprime un dialogue poétique entre le maître zen Ryokan (1758-1831) et l'amour de sa vie, la religieuse Teishin (1798-1872). Voici ce qu'a écrit cette dernière à ce propos :

Est-ce bien toi
Que j'ai vu,
Ou cette joie
Qu'encore je ressens
N'est-elle qu'un rêve?

Et voici la réponse de Ryokan:

Dans ce monde de rêve
Nous somnolons
Et discutons de nos rêves.
Rêve, rêve encore,
Autant qu'il te plaira.

Les fantasmes sexuels nous fournissent l'occasion de jongler avec cette idée de vivre un rêve au milieu d'un rêve. Dans la majorité des cas, survient un stimulus érotique, une agréable tension entre deux antithèses apparentes: liberté et interdit, abandon et inhibition, emprise et soumission, goût de l'aventure et besoin de sécurité, illusion et réalité. La voie de l'imagination consiste à méditer sur le rapport qui existe entre ces forces opposées et à canaliser l'énergie produite par leur interaction. Il suffit de parcourir la liste suivante, dressée à partir de fantasmes sexuels courants, pour attiser la flamme qui génère de cette énergie.

Fantasmes sexuels courants
Avoir une relation sexuelle avec un ou une collègue de travail
Faire l'amour dans un ascenseur
Avoir une relation sexuelle avec un colporteur

Une relation sexuelle entre un enseignant et une élève, ou une enseignante et un élève
Une relation sexuelle entre un médecin et une patiente, ou une infirmière et un malade
Faire l'amour dans un lieu public
Avoir une relation sexuelle avec deux ou plusieurs partenaires
Faire l'amour dans un lieu où l'on court le risque d'être pris en flagrant délit
Faire l'amour en pleine nature
Être possédé(e), violé(e) ou dominé(e)
Avoir sa ou son partenaire à sa merci
Avoir une relation sexuelle avec une prostituée
Se prendre pour une prostituée
Avoir une relation sexuelle avec une jeune fille vierge
Jouer les jeunes filles vierges ou faire semblant de n'avoir aucune expérience sexuelle
Avoir une relation sexuelle avec un prêtre, une nonne ou tout autre partenaire inapproprié
Se prendre pour une vedette de cinéma ou un personnage de fiction
Adopter une position nouvelle ou tenter des expériences différentes
Porter les vêtements de son partenaire ou être contraint de se travestir
Avoir une relation sexuelle avec une divinité ou un leader spirituel

Examinez de nouveau cette liste et laissez libre cours à votre imagination. Là où il y a imagination, il y a créativité; là où il y a créativité, il y a création ; et là où il y a création, il y a sexualité. Représentez-vous chaque fantasme évoqué ci-dessus par une image, tout en vous efforçant de déterminer la provenance de cette image, car c'est dans cette connaissance que se trouve la voie de l'imagination.

L'érotisme zen prend sa source dans le cerveau.

l a   v o i e   d e   l ' é r o t i s m e   z e n

Fermez les yeux et voyez en esprit votre fantasme sexuel préféré.

Quelle en est l'origine ?

Jusqu'où vous conduit-il ?

la voie de la découverte

Il est possible que l'enfer attende ceux qui succombent
à la beauté poétique.
Mais contemplez ce qui est disséminé tout le long de la voie :
Des boutons de prunelles et des fleurs de pêches !
Ikkyu

Comme pour beaucoup de choses, la voie de l'érotisme zen s'apparente à un processus de découverte : découverte de soi et découverte des désirs et des besoins de l'autre. Mieux nous nous connaissons, plus nous sommes en mesure d'être franc et sincère avec notre partenaire. Mieux nous connaissons ce dernier, plus nous pouvons lui apporter de satisfactions. De cette façon, nous enrichissons notre vie sexuelle en renforçant nos liens avec cette personne.

Dans *L'Art de la guerre,* un traité classique de stratégie militaire écrit quelque 500 ans av. J.-C., le général chinois Sun Tseu affirme :

> *Connais ton ennemi et connais-toi toi-même, et cent batailles tu livreras sans craindre la défaite.*
>
> *Lorsque tu ignores tout de ton ennemi mais que tu te connais toi-même, tu as des chances égales de vaincre et d'être vaincu.*
>
> *Mais si tu ignores tout de ton ennemi et de toi-même, tu mets à coup sûr ta vie en danger chaque fois que tu livres bataille.*

Vus sous un angle différent, les propos de Sun Tseu peuvent être considérés comme de précieux conseils à l'intention de quiconque entre en rapport avec autrui. Il n'est pas nécessaire pour autant de voir le monde comme une guerre des sexes ; il suffit de remplacer le mot *ennemi* par *partenaire* pour obtenir ce qui suit :

> *Si tu te connais et si tu connais ton partenaire, votre relation ira en s'enrichissant.*
>
> *Lorsque tu te connais toi-même mais que tu ignores tout de ton partenaire, vos rapports risquent d'être difficiles.*
>
> *Mais si tu ignores tout de toi-même et de ton partenaire, il y a peu de chances pour que votre relation tienne le coup.*

La seule chose qui importe, quand nous empruntons la voie de la découverte, c'est notre volonté de nous aventurer dans cette direction. Pour ce faire, il faut savoir garder l'esprit ouvert et « vider sa tasse », comme l'enseignent les maîtres zen.

Cette image provient d'une parabole bien connue, selon laquelle un professeur d'université rendit un jour visite à maître Nan-in. L'enseignant souhaitait s'informer sur le zen, mais il parla davantage qu'il n'écouta.

Sans mot dire, Nan-in versa du thé dans la tasse du professeur, jusqu'à ce que celle-ci débordât.

« Mais qu'est-ce que vous faites ? » s'exclama l'universitaire.

« Comme cette tasse de thé trop pleine, lui répondit Nan-in, vous répandez vos théories et vos opinions. Que puis-je vous apprendre tant que vous n'aurez pas vidé votre tasse ? »

Nous ressemblons parfois à ce professeur imbu de lui-même : nous sommes fermé à l'autre, incapable de songer à autre chose qu'à nos propres besoins alors que nous devrions être attentif à ceux de notre partenaire. Nan-in nous exhorte à nous ressaisir et à garder l'esprit ouvert pour mieux partir à la découverte de l'autre. La tasse vide symbolise ce que les maîtres zen appellent « l'esprit neuf » de celui dont le cerveau viendrait de naître et qui est avide d'apprendre et de s'imprégner d'expériences nouvelles. La même attitude est nécessaire si l'on souhaite s'initier à l'érotisme zen. Il ne s'agit pas ici d'un but ou d'une fin en soi, mais bien d'un début, car *la sexualité nous ramène toujours à nos origines.* Si vous entrez dans la chambre à coucher avec cet état d'esprit, vous apprendrez quelque chose à coup sûr.

Il est dit que dans tout rapport humain l'un donne une leçon et l'autre en reçoit une aussi. Ce principe s'applique aussi bien au lit qu'ailleurs. Il n'est pas utile pour autant d'établir une relation élève-enseignant (quoiqu'un tel fantasme ne manque pas d'attrait) ; il vous suffit d'être attentif aux messages que vous envoie votre partenaire et aux indications qu'il vous donne. Adoptez l'attitude de celui qui désire apprendre.

La pratique du zen exige de se percevoir à la fois comme maître et comme élève. Cette idée se retrouve implicitement dans le mot qui, en japonais, veut dire « enseignant » : *sensei.* Ce terme signifie littéralement « celui qui nous précède dans la vie » ou « celui qui est parti plus tôt ». Sur le chemin de la vie, nous demandons à ceux qui ont entrepris le voyage avant nous de nous servir de guides. Quant à ceux qui nous suivent, nous leur transmettons à notre tour nos connaissances, ce que nous tenons pour vrai. « Le maître apparaît quand l'élève est prêt », dit l'adage. Cet aphorisme a deux significations. Si votre esprit est disposé à apprendre, vous découvrirez qu'il existe tout autour de vous des maîtres qui seront heureux de vous transmettre leur savoir. Et lorsque vous aurez appris suffisamment de choses, le maître qui sommeille en vous apparaîtra à son tour afin de faire partager à d'autres le fruit de ses expériences.

先生

Sensei

Nous avons tous à apprendre les uns des autres. En matière de sexualité, chacun a ses besoins et ses désirs. Faites partager les vôtres et apprenez à connaître ceux de votre partenaire ; ensemble, faites de nouvelles expériences.

Un homme a dit un jour: « Le plus excitant n'est pas d'avoir la femme la plus ravissante dans son lit. Le plus excitant, c'est ce qu'elle a l'intention de vous faire et ce qu'elle veut que vous lui fassiez. » La voie de la découverte passe par ce constat. N'espérez pas que votre amant ou votre maîtresse connaisse tous vos points sensibles. La frustration survient généralement lorsque nous escomptons que notre partenaire sera en mesure de lire dans nos pensées et de savoir à tout moment ce que nous désirons. On entend trop de gens se plaindre que leur partenaire ne les aime pas sous prétexte que celui-ci devrait connaître leurs besoins sans qu'ils aient à le lui dire. Combien de fêtes et d'anniversaires ont mal tourné à cause de ce genre d'attentes !

Quantité d'hommes et de femmes souhaiteraient disposer d'une technique amoureuse universelle. Mais ce qui a fonctionné la dernière fois peut très bien ne pas avoir l'effet escompté la fois suivante, et cela, quel que soit votre savoir-faire au lit. Depuis, le temps a continué de s'écouler et l'ambiance n'est plus la même. La voie de la découverte consiste à discerner ce qui ferait plaisir à votre partenaire *dans l'instant présent*: plus de tendresse, plus de fermeté, plus de rythme, plus de lenteur... En matière de sexualité, les possibilités sont infinies: à vous d'en explorer une nouvelle chaque fois que l'occasion se présente! Une partie du plaisir de la découverte consiste justement à tracer votre propre sillon. Inutile pour ce faire de procéder à un examen clinique ou de devenir casse-pieds: au contraire, cette étape doit servir à stimuler le désir. Laissez-vous guider par les gémissements de plaisir de votre partenaire: ses soupirs et ses murmures sont autant d'indices qu'il est en train de s'éclater.

Si vous prêtez attentivement l'oreille, vous ne ressentirez nullement le besoin de lui demander s'il apprécie vos caresses.

l a   v o i e   d e   l ' é r o t i s m e   z e n

Quelles parties du corps de votre partenaire vous reste-t-il encore à explorer ?

Tâchez de le découvrir ce soir !

z

s e x e

n

la voie de l'initiative

Dents blanches souriantes,
Peau satinée.
Assis au milieu des hauts dignitaires lamas,
D'un rapide coup d'œil
Je l'ai surprise à me regarder.
Tsangyang Gyatso (1683-1706)
sixième dalaï-lama

Action et participation sont deux ingrédients essentiels à l'amour, tout comme à la vie d'ailleurs. Il faut bien que quelqu'un fasse le premier pas !

Faites en sorte que ce soit *vous.*

Lorsque nous sommes à la croisée des chemins, ignorant quelle direction prendre, ou lorsque nous sommes privés de partenaire sexuel ou que notre vie sexuelle devient routinière, il est temps de canaliser nos énergies et de passer concrètement à l'action. En cas d'hésitation, faites preuve d'initiative. Dites OUI à l'amour, à la vie, à la compagnie des autres. C'est le meilleur moyen de rester sur la bonne voie et, par le fait même, de contribuer à élever l'humanité.

Voici une belle leçon à retenir. Au cours d'une retraite, un élève vint trouver le maître zen Soen Nakagawa et lui demanda : « Je suis au bord du découragement. Que me conseillez-vous ? »

Ce à quoi Soen répliqua : « Encourage les autres. »

Il existe toujours une bonne raison pour ne pas passer à l'action : nous sommes exténué, nous manquons de temps, c'est à l'autre d'agir... Repoussez ces prétextes. C'est par l'action que vous progresserez sur la voie de l'amour charnel.

Si vous avez l'impression que votre vie sexuelle a depuis longtemps sombré dans la routine, mettez-vous dans la tête de changer tout cela. Si votre partenaire prend constamment les choses en main, faites preuve d'initiative à l'occasion. Il n'est pas nécessaire de l'égaler sur ce plan : faites-le une fois sur dix, histoire de rétablir un certain équilibre.

Mais ne vous sentez pas obligé de passer à l'action : rien n'est moins excitant que de faire l'amour par devoir. Faites-le parce que vous en avez envie. Surprenez votre partenaire au moment où il s'y attend le moins et de la manière la plus inattendue possible, et vous avez l'assurance d'en conserver un souvenir agréable pour des années à venir.

Si vous êtes celui ou celle qui prend toujours l'initiative et que vous souhaiteriez un peu de variété, creusez la question et donnez une nouvelle tournure à vos rapports intimes. Redécouvrez les rituels de la séduction; soyez plus romantique dans votre manière de courtiser votre partenaire; changez votre façon de procéder. Bref, laissez-vous inspirer par votre créativité et vous ne risquez pas de vous lasser.

Si les besoins sexuels de votre partenaire diffèrent des vôtres, parlez-en. Un dialogue permanent est nécessaire à toute relation saine, y compris lorsque l'harmonie sexuelle règne. Il importe que les deux amants fassent connaître leurs désirs à l'autre et trouvent le moyen de satisfaire les besoins de l'autre jour après jour, et à tout instant.

Si deux êtres parviennent à s'ajuster et à être attentifs l'un à l'autre, leurs besoins respectifs finiront tout naturellement par s'équilibrer. Ils garderont à l'esprit que leur vie sexuelle ne constitue qu'un aspect de leur relation commune. Si un déséquilibre se produit sur le plan sexuel, ils peuvent le compenser sur d'autres plans, en passant par exemple davantage de temps à faire autre chose ensemble ou en laissant simplement à l'autre du temps pour se consacrer à d'autres activités. Avec comme résultat que de telles activités sont susceptibles de rétablir l'harmonie sexuelle.

Lorsque deux êtres omettent de se faire part de leurs désirs respectifs ou négligent de tenir compte des désirs de l'autre, leur relation est inévitablement vouée à l'échec.

Si vous n'avez pas de partenaire sexuel présentement mais souhaiteriez en avoir un, faites preuve d'initiative. Mais ne passez pas à l'action par nécessité et ne cédez pas non plus à la peur du rejet. La plupart des femmes ayant l'habitude de voir les hommes prendre les devants, elles ne se risquent pas à faire les premiers pas. Mais, si vous êtes disposée à suivre la voie de l'érotisme zen, apprenez à vous connaître et à reconnaître votre propre valeur. Que votre estime de vous-même et l'amour de la vie vous servent de guides dans toutes vos entreprises. Ainsi, votre moral ne sombrera pas le jour où vous essuierez un refus de la part de quelqu'un.

Ce qui ne signifie pas que vous deviez faire des avances à tous ceux que vous rencontrerez ! Contentez-vous de prendre part au jeu de la vie. Ouvrez les yeux, tendez les bras à la vie qui bat. Le voyage intérieur n'a de sens que s'il débouche sur le monde extérieur. Soyez attentif aux messages que les autres vous envoient : si vous n'y prêtez pas attention, ne vous étonnez pas de ne rien capter. Certaines personnes ne se rendent même pas compte qu'on les courtise. Elles avancent tête baissée, le regard tourné vers le sol, ou se mettent à raser les murs dès qu'elles entrent dans une pièce. Il leur faudrait se balader une tasse vide à la main. C'est le sentiment que *tout* est possible qui donne du piment à la vie.

N'ayez crainte lorsque vient le moment de faire preuve d'initiative. Telle est la leçon qu'enseigne la nonne Eshun, seule femme à étudier parmi 20 moines. Selon la légende, l'un d'eux écrivit à Eshun une lettre d'amour, dans l'espoir de se retrouver seul avec elle.

Le lendemain, les moines se réunirent à l'occasion d'une homélie. Lorsque l'orateur eut terminé, Eshun se tint au milieu de l'assemblée et s'adressa en ces termes à l'auteur du billet doux : « Si tu m'aimes réellement, lève-toi et prends-moi dans tes bras. »

Dans le contexte actuel, pareille démarche donnerait à penser qu'Eshun voulait mettre son soupirant dans l'embarras. Mais la leçon à tirer de son initiative va beaucoup plus loin : elle nous invite à découvrir notre vraie nature et à saisir l'instant présent.

Si vous êtes amoureux, enseigne Eshun, que ce soit à découvert et non en cachette. La voie de l'initiative consiste à faire corps avec la source de l'amour et à laisser cet amour couler à travers nous en direction des autres. Si vos intentions sont pures, vous n'avez aucune raison d'avoir honte.

Trop nombreuses sont les conventions sociales qui contraignent les gens à refouler leurs sentiments et à laisser leur cœur se dessécher. On leur interdit d'aimer quelqu'un qui n'est pas de la même confession, ou qui n'appartient pas au même groupe ethnique. On accuse les homosexuels d'immoralité. Notre monde est rempli de Montagu et de Capulet qui font obstacle à l'amour à cause de leur haine et de leur méchanceté. Un être qui renonce à l'amour qu'il a au fond de lui ou qui le dissimule, un être qui ne parvient pas à exprimer à cœur ouvert ce qu'il éprouve pour l'autre, cet être-là empoisonne son âme et, par extension, l'âme de toute l'humanité.

Quelques mots à l'intention de ceux et celles qui font aisément les premiers pas. Continuez à faire preuve d'initiative, mais sans forcer la note. Vous avez tout le loisir de faire plus que votre part des choses pour plaire et séduire, mais laissez toujours l'autre libre de venir à vous. Montrez-vous intéressé(e), mais évitez toute forme d'intimidation.

Si quelqu'un repousse vos avances ou se détourne de vous, reportez votre attention sur une autre personne. Vous obstiner ne peut que vous conduire sur le chemin dévoyé de l'obsession.

Si quelqu'un vient dans un premier temps à votre rencontre puis s'éloigne de vous, ne cherchez pas à le rattraper. Attendez à la ligne de démarcation qui vous sépare, mais ne la franchissez pas. Laissez le désarroi s'installer dans son esprit puis, après quelque temps, vérifiez si cette personne désire encore vous revoir. Manœuvrez toutefois avec la plus grande prudence.

Sachez voir l'équilibre qui existe entre le oui et le non. Si quelqu'un vous dit d'abord oui et change ensuite d'avis, respectez sa décision et respectez cette personne, mais respectez-vous également.

Et si vous êtes deux à dire oui, alors que la fête des sens commence!

la voie de l'érotisme zen

Ce soir, prenez l'initiative!

Dans quelle direction vos pas vous conduiront-ils?

la voie de l'anticipation

Jour et nuit je ne puis te chasser de mes pensées;
Dans l'obscurité, seul sur mon lit, je suis dans l'expectative.
Je nous imagine unissant nos mains, échangeant des mots d'amour.
Ikkyu

Hormis l'acte sexuel lui-même, rien ne vaut le fait de vivre dans l'anticipation de tels ébats. La voie de l'anticipation consiste justement à se délecter à la perspective d'une forte excitation sexuelle. Sentez la tension monter, mais restez calme et détendu. « Le désir que j'ai de toi me permet de demeurer dans l'instant présent », a écrit le poète soufi Rumi (1207-1273). Prenez une inspiration lente et profonde, puis savourez le sentiment que vos pensées engendrent.

Chaque fois que vous éprouvez l'urgence d'avoir une relation sexuelle, prenez votre mal en patience. Ne précipitez pas vos gestes. Le fait de vous apaiser intérieurement ne peut que vous être bénéfique, quelles que soient les circonstances. Chaque fois que nous brusquons les choses, nous perdons notre maîtrise de soi. Dès que nous nous détendons, nous redevenons maître de nous-mêmes. Une telle maîtrise a pour effet d'accroître notre sentiment de confiance en nous-mêmes, et cette assurance confère à celui ou celle qui la possède un sex-appeal indéniable.

Lorsqu'on est obsédé par le besoin de « baiser à tout prix », on néglige inévitablement les préliminaires. On est tellement préoccupé par ce qu'on veut faire qu'on ne réfléchit guère à ce que l'on fait réellement. On perd tout le plaisir que procure chacune des étapes qui mènent à l'objectif.

Une parabole zen relative à un jeune escrimeur sert de mise en garde contre toute forme d'empressement. Sur les directives de son père, le jeune homme, du nom de Matajuro Yagyu, s'était rendu étudier l'art de l'escrime auprès de maître Banzo.

« Si je travaille très fort, combien d'années mettrai-je à devenir un expert ? demanda Matajuro.

– Dix ans, réplique Banzo.

– Et si je travaille avec encore plus d'ardeur, poursuivit l'élève, combien de temps me faudra-t-il ?

– Il faudrait compter trente bonnes années, estima Banzo.

– Pour quelle raison ? s'étonna Matajuro. Vous avez d'abord mentionné le chiffre dix, et voilà que vous parlez maintenant de trente ans. Je suis disposé à supporter toutes les privations nécessaires pour maîtriser cet art le plus rapidement possible.

– Dans ce cas, conclut Banzo, tu devras t'entraîner à mes côtés au cours des soixante-dix prochaines années. Lorsqu'un homme est aussi impatient que toi d'obtenir des résultats, il est rare qu'il apprenne rapidement. »

Le conseil de Banzo s'applique également dans la chambre à coucher. Les jeunes, en particulier, sont si impatients de perdre leur virginité qu'ils se vautrent dans le sexe bien avant d'y être préparés. Mais même des adultes majeurs et vaccinés commettent souvent l'erreur de faire prématurément l'amour ensemble, alors qu'ils ne sont pas encore prêts, sur le plan émotionnel, à vivre une relation sexuelle. En passant trop vite à l'action, ils entament une relation avec la mauvaise personne ou anéantissent leurs chances de nouer des liens durables. « Dominez votre empressement », prônent les maîtres zen. L'écrivain Joe Hyams, auteur d'un traité sur les arts martiaux et le zen, fait état de la leçon qu'il a tirée de sa rencontre avec le maître Bong Soo Han. Tous deux prenaient le thé lorsqu'on remit à ce dernier un courrier en provenance de sa famille demeurée en Corée. Hyams décrit la scène comme suit :

Sachant qu'il attendait cette lettre avec impatience, je m'interrompis, m'attendant à tout instant à ce qu'il ouvre l'enveloppe et en examine rapidement le contenu. Il se contenta de mettre la lettre de côté puis, se tournant vers moi, poursuivit la conversation.

Le lendemain, je lui fis observer qu'il possédait une extraordinaire maîtrise de soi : à sa place, j'aurais lu la lettre sur-le-champ !

« J'ai procédé exactement comme si j'avais été seul, me répondit-il. Je comptais repousser ma lecture tant que je n'aurais pas dominé mon impatience. Au moment où j'ai pris la lettre, je l'ai ouverte comme si c'était la chose la plus précieuse au monde. »

Je réfléchis un instant au sens de sa réponse, car je n'ignorais pas qu'il souhaitait que je tire une leçon de cette expérience. Je lui fis en définitive savoir que je voyais mal à quoi tout cela pouvait rimer.

« À ceci, me fit-il. Ceux qui apprennent à se maîtriser et à faire preuve de patience dans les choses les plus simples de la vie seront en mesure d'agir de même dans des circonstances plus graves. »

La voie de l'anticipation consiste à ressentir la pression du moment tout en restant serein. Sachez dominer votre hâte au cours de la période d'excitation qui précède l'acte sexuel lui-même ; approchez ensuite votre main de votre partenaire comme si vous vous apprêtiez à caresser une pierre précieuse. Quand on veut aller plus vite que les événements, on se met inutilement de la pression sur les épaules.

Même au cours de l'acte sexuel, pendant que vous vous évertuez à atteindre le point culminant, il peut être indiqué de faire une pause, comme le suggère le sixième dalaï-lama, Tsangyang Gyatso :

L'odeur printanière de la terre me remplit d'émotion.
Ma rencontre avec ma bien-aimée
A apaisé mon corps et mon esprit.

La voie de l'anticipation consiste à rester calme même lorsque le cœur bat la chamade.

Garder l'esprit serein permet de jouir des moments de tension qui précèdent l'orgasme et de ralentir ou d'accélérer le rythme au gré de sa fantaisie. Livrez-vous à des jeux amoureux et absorbez-vous dans l'instant présent. En amour, il n'est pas utile d'aboutir rapidement à un dénouement. Voici ce qu'en pense Ikkyu :

C'est fou le temps que nous pouvons passer au lit.
Tels des papillons, nous batifolons sans fin.
Écoute ! Le carillon sonne. Est-il midi, ou minuit ?

Lorsqu'on a perdu la notion du temps au point d'ignorer s'il est midi ou minuit, il n'y a plus de raison de se presser. Ce qui ne signifie pas pour autant que nos ébats amoureux doivent s'éterniser chaque fois. Un changement de rythme procuré par des rapports « à la sauvette » peut, à l'occasion, être bénéfique pour l'équilibre de toute relation amoureuse. Mais encore là, sachez faire la différence entre rapidité et impatience. Se précipiter, c'est se sentir pressé par le temps. En pareille circonstance, on n'est plus du tout attentif à l'autre ; l'esprit ailleurs, on consulte sa montre à tout bout de champ ou on songe à tout ce qu'on a encore à faire. Une « bonne baise rapide » n'a de valeur que si elle permet de savourer pleinement l'instant présent.

Et lorsque tout est terminé, restez sur cette impression, même si vous devez reboutonner votre chemise pour aller rejoindre vos invités. Gardez la même attitude que celle engendrée par la voie de l'anticipation, car ce sont les caresses et les moments d'intimité suivant l'accouplement qui permettent aux amants d'approfondir l'expérience qu'ils viennent de vivre.

Commencez dès à présent à anticiper le moment où vous pourrez recommencer!

la voie de l'érotisme zen

Ce soir, un peu avant d'enlever vos vêtements, attardez-vous un instant avant de continuer.

Prenez le temps d'exciter votre partenaire.

Comment vous sentez-vous ?

la voie de la surprise

L'éveil survient de façon soudaine.
Hui-neng (638-713)

Que vous glissiez une photo sexy de vous dans la poche de la veste de votre partenaire ou que vous lui laissiez un message osé sur son répondeur, il y a deux aspects à considérer dans la voie de la surprise : le fait de donner et le fait de recevoir, ce qui crée un effet de surprise.

Surprendre quelqu'un demande une certaine préparation : cela implique de songer d'avance à ce qui se produira par la suite. Se faire prendre par surprise signifie au contraire qu'on n'était pas préparé ou qu'on ne s'attendait pas à ce qui survient. Dans un cas comme dans l'autre, existe un moment décisif qui constitue une occasion d'éveil.

On ne compte plus les récits de maîtres zen qui font des surprises à leurs disciples dans le but d'éveiller leur conscience. L'un d'eux raconte l'histoire de Tokusan (781-867), alors que ce dernier entreprenait son apprentissage auprès de maître Ryutan. Un soir, Ryutan dit à son élève : « Il se fait tard, tu peux te retirer. »

Tokusan s'inclina devant son maître et se dirigea vers la porte. Au moment de partir, il nota : « Il fait très sombre dehors. »

Ryutan remit alors une bougie allumée à Tokusan. Mais au moment où ce dernier allait la prendre, son maître souffla sur la chandelle.

À cet instant, l'esprit de Tokusan s'éveilla.

Le point essentiel à considérer dans l'étude de la voie de la surprise, c'est que *l'effet de surprise doit profiter à son destinataire.* Trop souvent, nous tentons de prendre les autres par surprise pour notre seul plaisir : nous nous réjouissons de lire sur leur visage ébahi l'embarras dans lequel ils se trouvent. Or, la voie de la surprise consiste plutôt à tourner toutes ses pensées vers l'être aimé afin de découvrir ce qui lui ferait plaisir et de le lui donner par amour. Ce faisant, on s'élève en esprit tout en intensifiant son excitation. Histoire de rompre avec les habitudes qui se sont installées, on fait en sorte de briser la monotonie amoureuse, élevant du coup son niveau de conscience.

Chaque fois qu'on nous fait une surprise, nous avons la chance d'observer nos réactions, et de constater ainsi si nous avons le cœur et la tête à la bonne place. Il y aura toujours des circonstances, imprévues ou non, qui sont susceptibles de nous prendre au dépourvu. Nos réactions spontanées nous fournissent dès lors un bon indice de ce que nous sommes réellement.

Un récit bien connu en Chine nous aidera à éclaircir ce point. Il s'agit de l'histoire d'une dame âgée qui avait subvenu aux besoins d'un moine pendant plus de 20 ans. Il n'était pas rare, à cette époque, que des citadins hébergent ainsi des religieux dans l'espoir que toute l'humanité puisse bénéficier de faveurs si un seul moine atteignait l'illumination.

La femme en question commença à douter des capacités du moine à progresser sur la voie de l'éveil. Pour s'en assurer, elle retint les services d'une jeune fille hautement désirable.

« Va et enlace-le, dit la vieille à la plus jeune. Puis demande-lui : 'Que veux-tu faire à présent ?' »

La fille rendit visite au moine, se mit à le caresser sans que celui-ci protestât outre mesure, puis l'interrogea sur ce qu'il comptait faire ensuite.

« Un vieil arbre pousse sur un rocher glacé en plein hiver, répondit le moine non sans lyrisme, et n'a nul endroit où dénicher un peu de chaleur. »

La jeune fille retourna voir la dame et lui rapporta les propos du moine.

« Quand je pense que j'ai nourri cet individu pendant 20 ans ! s'exclama la femme en colère. Il n'a eu aucune considération pour toi et tes besoins, et ne s'est pas davantage montré disposé à connaître ta condition de vie. Il n'était pas tenu d'éprouver de la passion pour toi, mais il aurait au moins pu faire preuve de compassion à ton égard. »

Elle se dirigea aussitôt vers la hutte du moine et y mit le feu.

La surprise avait révélé la vraie nature du moine. En 20 ans de méditation il n'avait pas su développer à l'égard des autres la moindre compassion, laquelle constitue la vraie mesure du progrès spirituel. Au moment décisif, alors qu'il ne lui était pas loisible de réfléchir longuement, il avait échoué.

Dans un commentaire au sujet de ce récit, le gourou Osho mentionne que trois possibilités s'offraient au moine: « Premièrement, si, en 20 ans, il n'avait pas eu l'occasion de caresser une belle femme, il aurait pu se laisser attirer par elle et succomber à la tentation de faire l'amour avec elle. Deuxièmement, il aurait pu rester de glace, maîtriser ses émotions et ne manifester aucune compassion à l'égard de la fille. Il aurait pu simplement se replier sur lui-même et raffermir sa volonté de manière à ne pas se laisser séduire. Et troisièmement, si la méditation avait porté ses fruits, il se serait révélé à la fille comme un être rempli d'amour, de sollicitude et de compassion; il aurait cherché à comprendre la fille et à lui venir en aide. Elle avait pour rôle de tester les réactions du moine.

« S'il avait choisi la première option, cela signifierait qu'il aurait perdu son temps à méditer toutes ces années. En optant pour la deuxième possibilité, il aurait satisfait aux critères habituels qui déterminent la capacité à devenir moine, mais il n'aurait certainement pas rempli les conditions nécessaires pour être considéré comme un homme de méditation. [...] Un homme de compassion est plein de considération pour les autres et pour leurs besoins. Celui-ci est resté froidement centré sur lui-même. Il s'est contenté de parler de lui-même, ce 'vieil arbre [qui] pousse sur un rocher glacé en plein hiver et n'a nul endroit où dénicher un peu de chaleur'. Aucune de ses paroles ne concernait cette femme. Il ne lui a même pas demandé: 'Pourquoi es-tu venue? Qu'est-ce que tu cherches? Pourquoi m'as-tu choisi moi? Veux-tu t'asseoir?' [...] L'amour est toujours tourné vers les autres; l'ego ne pense qu'à lui-même. L'amour est toujours plein de considération pour les autres; l'ego n'en a absolument aucune. L'ego ne connaît qu'un langage, le sien. L'ego se sert des autres; l'amour est disposé à aider les autres et à se mettre à leur service. »

Dans son commentaire au sujet de cette anecdote, Ikkyu affirme qu'il aurait manifestement réagi avec moins de froideur devant la surprise qu'on lui faisait.

La vieille dame avait le cœur assez grand
Pour stimuler le moine chaste en lui envoyant une fille à qui s'unir.
Si une jeune beauté devait m'enlacer ce soir,
Ma vieille branche de saule toute rabougrie reverdirait aussitôt!

Comme le veut le vieil adage, la vie est pleine de surprises. Laissez par conséquent les surprises vous rappeler que vous êtes toujours aussi « vert »... et rempli d'amour.

la voie de l'érotisme zen

Ce soir, faites quelque chose auquel votre amour ne s'attend pas.

Laissez-vous surprendre par votre propre audace.

z

s e x e

n

la voie de la familiarité

Bien que me soit familière la douceur de la peau
Du corps de ma bien-aimée,
Sa profondeur reste pour moi insondable.
Tsangyang Gyatso, sixième dalaï-lama

On dit de la familiarité qu'elle engendre le mépris. Au contraire, la voie de la familiarité engendre l'amour. Si les moments électrisants qui caractérisent les débuts de toute histoire d'amour commencent à se dissiper dans votre cas, il est temps pour vous de considérer les choses avec un « esprit neuf ». Au lit, la voie de la familiarité est associée à jamais à la voie de la découverte.

Aucun d'entre nous ne connaissait de prime abord la manière de faire l'amour de notre partenaire actuel, ni même notre propre façon d'être et d'agir en ce domaine. En suivant la voie de la découverte, nous avons appris à caresser et à donner du plaisir, nous avons tenté des expériences et sommes partis à la découverte de l'autre. Après quelque temps, chaque pore du corps de l'autre nous est devenu familier, aussi bien que la texture et l'odeur de sa peau, le parfum de sa chevelure, le contour de ses épaules et ses zones érogènes personnelles. Nous connaissons ses fantasmes sexuels et ses désirs, et nous savons comment les combler.

Certains amants finissent par en savoir tellement sur leur partenaire qu'ils ont l'impression d'avoir fait le tour de la question. Leur vie sexuelle devient répétitive et s'installe dès lors dans la routine.

La voie de la familiarité consiste à rebondir vers de nouveaux sommets après avoir atteint le fond de l'abîme.

Il existe un niveau d'intimité auquel deux amants ne peuvent accéder qu'après avoir passé un certain temps ensemble, et il est impossible de faire l'économie de cette expérience de vie commune. La même chose se produit dans le cas de musiciens qui ont l'habitude de jouer ensemble depuis des années et qui en viennent à connaître intuitivement leurs pensées respectives. Quel que soit le talent de chacun, aucun groupe de musiciens ne peut prétendre former un orchestre véritable sans avoir passé des heures à pratiquer ensemble.

En vertu de la voie de la familiarité, chaque amant a consacré du temps à l'autre. Quand tous deux savent parfaitement ce qui fait plaisir à l'autre, ils ont l'assurance de pouvoir faire l'amour dans les meilleures conditions possibles.

Ce qui ne signifie pas que vos ébats amoureux doivent invariablement se dérouler de la même manière. Pour reprendre l'analogie avec la musique, un orchestre dont les membres ont l'habitude de jouer ensemble finit par avoir une sonorité qui lui est propre, mais cela ne les empêche pas pour autant de disposer d'un répertoire très étendu. Ils ne jouent pas forcément les mêmes morceaux tous les soirs ; la liste peut varier selon l'ambiance. Quant aux succès de toujours, ils ne vieillissent pas. Quel que soit le nombre de fois qu'on les interprète, ils continuent d'offrir de nouvelles satisfactions. Telle est le sentiment que Tsangyang Gyatso a voulu transmettre lorsqu'il a écrit :

Bien que me soit familière la douceur de la peau
Du corps de ma bien-aimée,
Sa profondeur reste pour moi insondable.

La voie de la familiarité consiste à explorer sans fin ces profondeurs insondables. Même si votre manière de faire l'amour ne varie pas, il existe d'innombrables façons de donner une nouvelle tournure à ce qui semble familier. Faites l'amour dans un endroit inhabituel, dans une nouvelle tenue, sur un morceau de musique différent, à une heure inusitée de la journée.

Chaque instant qui passe est différent du précédent. *Nous n'avons jamais vécu cet instant et nous ne le revivrons jamais.* Il nous est familier et inconnu à la fois.

Il nous est loisible d'éprouver cette sensation chaque fois que nous savons regarder les choses avec un esprit neuf. C'est ce qu'affirme Bouddha dans une parabole portant sur un homme qui tente d'échapper à un tigre.

Après avoir couru un long moment, l'homme arrive au bord d'un précipice. Il attrape une liane et se lance dans le vide, mais constate bientôt qu'un autre tigre le guette en bas de la falaise. Entre-temps, deux souris, une blanche et une noire, ont commencé à ronger la liane.

Tout en s'accrochant tant bien que mal à la vie, l'homme aperçoit une merveilleuse fraise qui pousse sous son nez. Il la cueille et la met dans sa bouche.

« Quelle saveur elle devait avoir ! » dit le Bouddha.

Combien de fraises cet homme avait-il déjà mangées au cours de sa vie ? Après un certain temps, elles lui étaient devenues si familières qu'il n'avait plus fait attention à leur goût délicieux. Le Bouddha nous enseigne ici à voir la fraise de la vie et à la déguster à chaque instant.

Nous finissons par nous habituer à tel point à la beauté qui nous entoure que nous la considérons comme allant de soi. Nous feignons d'ignorer que le temps nous poursuit tel un tigre. Il suffit d'un accident et c'est la fin. C'est ce qu'exprime l'adage japonais *Issun saki wa yami no yo,* qui signifie : « Encore un pas et le monde bascule dans l'obscurité. » Le Bouddha nous conjure de considérer la vie de la même façon – comme si nous étions à chaque instant suspendus au-dessus du vide – et de cueillir la fraise qui s'offre à nous. Si vous parvenez à vivre ainsi, vous goûterez toute la saveur de votre partenaire, ainsi que le proclame cet aphorisme zen :

Chaque fois vous le voyez,
Chaque fois il est différent.

Cette expression provient d'un principe qui est au cœur même de la cérémonie japonaise du thé et qui s'appelle *ichigo ichie.* Ce qui signifie littéralement : « une occasion, une rencontre ».

Ceux qui observent cette cérémonie du thé, dite *chado* (ou « voie du thé »), la considèrent comme le prototype par excellence de toute relation humaine, qu'elle soit romantique ou terre-à-terre. Chaque occasion de se réunir pour boire le thé est unique en soi et ne se représentera jamais. Car si les mêmes personnes se retrouvent le lendemain pour le même cérémonial, elles occuperont une place différente dans le temps. Dans la philosophie zen, seul le présent compte. Le passé est mort et l'avenir, une illusion. L'illumination ne peut se produire que dans l'instant présent.

C'est dans cet état d'esprit que toute nuit d'amour doit être vécue : en savourant pleinement l'instant présent. Peu importe le degré de familiarité qui règne entre les amants, peu importe que le décor leur soit familier ou non, ils n'éprouveront aucune lassitude s'ils restent à l'écoute l'un de l'autre. Soyez reconnaissant d'avoir un partenaire à vos côtés. Restez attentif au moment qui passe, comme les maîtres du thé l'enseignent, car il ne durera pas éternellement.

Ichigo ichie

Personne ne sait combien de temps il lui reste à vivre. Or, la plupart des gens agissent comme s'ils avaient l'éternité devant eux. Ils s'endorment satisfaits, confondant familiarité et stabilité, convaincus que rien ne change jamais. Pourtant, comme le dit un adage zen :

Sans bouger, sans que rien n'advienne,
Le printemps arrive, l'herbe pousse.

Regardez au-delà des apparences ; sentez l'énergie qui fait croître la végétation sous vos pieds. C'est cette même énergie qui s'exprime à travers l'acte sexuel, à travers notre être tout entier. Comment la familiarité avec elle pourrait-elle engendrer le mépris ? Nous devrions au contraire réclamer plus d'intimité avec elle !

Si l'on vit suivant le principe évoqué par l'expression *ichigo ichie,* on est au cœur même de cette énergie ; on aime la vie et l'amour et on tire le meilleur parti possible de chacun de ses ébats amoureux. Que notre partenaire nous soit tout ce qu'il y a de plus familier ou non, il importe de considérer chaque nuit à ses côtés comme quelque chose d'unique. Il n'est pas nécessaire d'avoir une tumeur cancéreuse avant de commencer à savourer les baisers de l'être aimé. Faisons-le maintenant. Et si nous sommes toujours en vie le lendemain, recommençons.

N'oubliez pas : « Une occasion, une rencontre ». Si vous observez ce précepte, vous n'aurez pas besoin de vous demander où est passé le temps.

Vous connaîtrez la réponse, puisque vous l'aurez passé à faire l'amour.

la voie de l'érotisme zen

Combien de fois avez-vous fait l'amour à votre bien-aimé(e) ?

Rappelez-vous les détails les plus croustillants de vos ébats amoureux.

Puis recommencez…

À neuf!

les sept voies du corps

Le corps originel
Doit retourner
À sa place originelle.

Ikkyu

La pénétration
L'acceptation
Le toucher
Les odeurs
Le regard
La bouche
Le cri

la voie de la pénétration

Soupirant toute la nuit même à soixante ans,
Je reste ferme en elle encore et encore.
Ikkyu

L'adage zen suivant exprime bien ce qu'est la voie de la pénétration : « Entrez dans la forme, sortez de la forme. » Différents niveaux d'interprétation sont ici possibles.

Au premier niveau, cet aphorisme décrit la voie de l'expression artistique. Quoi que vous décidiez d'apprendre – la peinture, la cuisine, l'art de faire l'amour –, acquérez d'abord les rudiments de votre art. On ne peut pas tout savoir d'un seul coup. Progressez étape par étape. Lorsque vous maîtriserez les règles de votre art, vous pourrez vous en libérer pour créer votre propre forme d'expression personnelle.

Pour la plupart des gens, l'expérience de la sexualité débute par la masturbation. Avant de faire l'amour à un partenaire éventuel, nous commençons par nous faire l'amour à nous-mêmes. L'autoérotisme permet de découvrir le plaisir de l'orgasme aussi bien que le fonctionnement de nos organes sexuels ; il nous prépare au monde plus subtil de l'amour à deux. Une jeune fille vierge a la possibilité, grâce à la masturbation, de connaître des centaines d'orgasmes avant de faire l'amour avec un partenaire ; de ce fait, elle sera plus à l'aise, le moment venu, qu'une jeune fille qui ne se serait jamais adonnée à cette pratique. Pour Ikkyu, la masturbation pouvait conduire à l'éveil au même titre qu'une relation sexuelle :

Huit pouces bien fermes : c'est mon objet préféré.
Quand je suis seul la nuit, je le tiens vigoureusement :
Il y a si longtemps qu'une belle femme ne l'a touché !
Dans mon froc se trouve un univers entier.

Nous apprenons ensuite à faire l'amour. Nous « entrons dans la forme », l'un des deux partenaires s'introduisant physiquement à l'intérieur de l'autre, mais nous « sortons de la forme » en transcendant spirituellement l'acte sexuel.

En nous montrant comment faire et en nous incitant à expérimenter différentes positions et techniques, manuels de sexualité et vidéocassettes érotiques sont susceptibles de nous apprendre à développer notre créativité au lit. Mais l'objectif ultime demeure de sublimer toute espèce de méthodes ou procédés en les maîtrisant au point d'agir avec naturel. Oubliez vos connaissances, préconise Ikkyu, et concentrez-vous sur l'essentiel :

Tous les jours, les prêtres étudient scrupuleusement le Dharma [précepte zen]
Et psalmodient sans fin des soutras [aphorismes] compliqués.
Mais avant que de procéder ainsi, ils devraient apprendre
À lire les lettres d'amour livrées par le vent et la pluie, la neige et la lune.

Ou, plus crûment :

Forniquez sans plus hésiter, là est la sagesse !
Rester assis là à chanter, quelle connerie !

Le corps possède une sagesse qui lui est propre. Nous pouvons développer cette sagesse par la pratique, en agissant sur les formes, tout comme les danseurs et les athlètes développent leurs muscles, jusqu'au jour où nous pouvons faire confiance à notre corps sans avoir besoin de réfléchir à ce que nous devons faire, car les pensées ne font qu'interférer avec la sagesse du corps.

Nous naissons tous avec un corps dont nous apprenons à nous servir et que nous découvrons en grandissant. Nous découvrons aussi ce qui lui donne du plaisir et de quelle façon il peut s'unir avec un autre corps. La voie de la pénétration nous rappelle que, au niveau le plus fondamental, nous « entrons dans la forme », c'est-à-dire que nous venons au monde sous les apparences d'un corps humain. De même, nous « sortons de la forme », c'est-à-dire que notre esprit se libère de notre corps au moment de notre décès ou au moment où nous atteignons l'illumination par le biais de la méditation ou de l'orgasme.

La religieuse Chiyono a eu la révélation de cette vérité par une nuit de pleine lune, alors qu'elle transportait un seau d'eau rafistolé à l'aide d'une tige de bambou. Lorsque la tige se rompit et que le fond du récipient se retrouva par terre, la nonne eut un éclair d'illumination. Dans le poème qu'elle écrivit pour commémorer l'événement, le seau symbolisait son corps physique :

J'essayais tant bien que mal d'épargner le vieux seau,
Car la corde de bambou était sur le point de céder.
Mais le fond du récipient s'abattit finalement sur le sol.
Plus d'eau dans le seau !
Plus de lune dans l'eau !

Ne vous attachez pas à votre corps, soutient Chiyono. Libérez-vous de votre ego et laissez votre esprit s'échapper tout comme l'eau. Transcendez ce corps qui vous sert de réceptacle. Vous pouvez y arriver à tout moment et en tout lieu, que ce soit au lit ou ailleurs.

Rappelez-vous par ailleurs que si nous venons au monde *dans* un corps, nous passons également *à travers* un corps au moment de notre naissance : celui de notre mère. Le vagin qui est pénétré au moment de l'accouplement sert aussi de passage obligé à la naissance ; entrée et sortie sont identiques et forment le point d'origine de tout. Ikkyu exprime ainsi la chose :

C'est la bouche originelle d'où ne sort aucune parole ;
Elle est surmontée d'une magnifique toison.

Les plus sensibles risquent de s'y perdre complètement.
Mais c'est aussi le lieu de naissance de tous les Bouddhas des
dix mille mondes.

Au moment de la pénétration, alors que l'un des deux amants entre physiquement dans l'autre, sachez voir les choses avec un esprit neuf afin de remonter aux origines de votre propre corps. Tâchez toutefois de ne pas vous égarer en chemin. Que la voie de la pénétration vous conduise droit à la source de toute vie !

la voie de l'érotisme zen

Quelle forme votre union charnelle revêtira-t-elle ce soir?

Comment comptez-vous y entrer?

Comment comptez-vous en sortir?

z

s e x e

n

la voie de l'acceptation

Ne t'en fais pas, je t'en prie, je t'en prie, combien de fois
dois-je te le répéter ?
Tu ne peux en aucune manière être autre chose que toi-même
ou ailleurs qu'ici.
Ikkyu

La prière suivante est très populaire auprès des personnes qui tentent de se défaire d'une forme ou une autre de dépendance : « Seigneur, donne-moi la sérénité d'accepter ce que je ne puis changer, le courage de changer ce que je puis changer, et la sagesse de faire la différence entre les deux. » Voilà une prière qui est tout à fait zen.

La voie de l'acceptation consiste en effet à savoir accepter les choses que nous ne pouvons changer, et à le faire non avec résignation mais avec joie. Voici les choses que nous devons accepter en priorité :

La vie
Nous-mêmes
Notre corps
Le corps de notre partenaire
Les effets du temps sur nos deux corps

Il est possible, en suivant un régime, en faisant de l'exercice ou en recourant à la chirurgie esthétique, de modifier l'apparence extérieure de notre corps, mais, tant que nous existerons, nous devons accepter de vivre dans ce corps et de le voir vieillir. La voie de l'acceptation consiste à admettre cette vérité et à oser se regarder dans la glace à tout âge, un sourire au coin de l'œil.

Le maître zen Hotei a réussi un jour à faire passer ce message sans même prononcer une parole.

Il avait coutume de se promener avec un sac de toile. Un jour, quelqu'un alla le trouver et lui demanda : « À quoi rime le zen ? » Hotei se contenta, pour toute réponse, de laisser tomber son sac en silence.

L'autre d'insister : « Mais qu'y a-t-il de concret dans le zen ? »

Hotei remit le sac sur son épaule et poursuivit son chemin.

Avec toute la grâce propre à l'action zen, Hotei a répondu dans un premier temps : Ce qui est, est. Accepte les faits. Je laisse tomber mon sac. Il était sur mes épaules, à présent il est par terre. Le temps continue de s'écouler et l'instant présent ne reviendra plus. La terre pivote sur son axe et tourne autour du soleil. Nous vieillissons à chaque minute. Quelque part, quelqu'un fait l'amour; quelque part ailleurs, quelqu'un d'autre fait la guerre. Un être vient au monde; un autre meurt. Tous ces événements sont la manifestation de l'énergie cosmique qui parcourt l'univers. Telle est la vérité immuable à la base de toute action et de toute chose.

La seconde réponse de Hotei nous invite à vivre en acceptant cette vérité: Prends ton sac et continue à vaquer à tes occupations. Joue un rôle actif dans la vie de tous les jours.

Bon nombre de gens confondent acceptation et fatalisme: «Advienne que pourra, il n'y a rien que je puisse y faire.» Pareille attitude conduit à la stagnation. La vie se caractérise par le dynamisme et le changement; pour y prendre une part active, il faut pouvoir changer et faire preuve de dynamisme. La voie de l'acceptation consiste à prendre la vie comme elle est, mais à la prendre à bras-le-corps. Comme Hotei, ramassez votre sac et poursuivez votre route. Quoi de plus banal en somme? Mais, sur le chemin de l'illumination, pareille acceptation provoque un miracle: la vie devient infiniment merveilleuse.

Accepter la vie telle qu'elle est permet de saisir deux concepts au cœur même de la philosophie zen: l'imperfection et l'impermanence des êtres et des choses.

L'imperfection

La vie est parfaitement imparfaite, enseigne le zen. Tout comme la sexualité, elle est désordonnée, compliquée, excitante, déroutante et, en fin de compte, extraordinaire. En dépit de tous les tourments qu'elle est susceptible de nous occasionner, voilà à quoi rime la vie. Même si, à l'échelle humaine, rien n'est parfait, tout est parfait à l'échelle du cosmos.

La voie de l'érotisme zen nous permet d'envisager de façon similaire nos rapports avec les autres. Les gens sont ce qu'ils sont. Il nous est loisible de les inciter à adopter un comportement différent, mais ils sont les seuls, en définitive, à pouvoir se changer. Il nous appartient donc de modifier notre attitude à leur égard et d'apprendre à vivre avec leurs « imperfections ».

Les médias nous bombardent d'images de gens exceptionnels qui mènent des vies extraordinaires, et cela, à tel point que nos vies peuvent sembler ternes en comparaison. Contre toute logique, nous nous évaluons et nous évaluons nos proches d'après des critères irréalistes. À ce propos, les Japonais ont un adage, *Meiba ni kuse ari,* qui signifie : « Même un cheval illustre empeste. » Vous avez beau imaginer que votre vie serait plus passionnante si vous pouviez épouser une vedette de cinéma ou coucher un soir avec un top-model, il n'empêche qu'un tel fantasme ne correspond pas à la réalité. Même les célébrités ont mauvaise haleine le matin et ont leurs petits ennuis au lit.

Celui qui a l'esprit zen sait voir la beauté dans les imperfections de la vie. Si le divin imprègne toute chose, alors toute chose possède sa beauté intrinsèque. Que nous soyons ou non en mesure de la déceler dépend de notre niveau de conscience. Par la méditation, il est possible de s'harmoniser avec l'énergie cosmique et de comprendre dès lors la signification profonde de cette maxime, attribuée à différents maîtres zen : « Même de la laideur peut jaillir la beauté. » Si votre quête vous conduit jusqu'à l'essence des choses, vous verrez la lumière briller à sa source.

Une fois que nous sommes en mesure de voir cette lumière intérieure, une bonne partie de notre amertume s'évanouit. Nous apprenons à sublimer nos défauts et ceux de notre partenaire et à être bien dans notre peau en dépit de nos lacunes. Notre corps devient alors un simple canal par lequel passe l'énergie spirituelle; malgré les imperfections de notre enveloppe extérieure, celle-ci émane d'une source qui est parfaite et divine. Nous nous unissons non plus avec le côté superficiel des êtres, mais avec l'énergie sexuelle qui jaillit de leur nature profonde.

Ainsi, deux amants imparfaits peuvent faire l'amour de manière parfaite.

L'impermanence

Notre corps est inévitablement appelé à mourir. Mais tant que vous êtes en vie, vivez dans la joie. La voie de l'acceptation ne consiste pas à accepter la mort, mais à accepter la *vie*.

L'acte sexuel permet de transcender les limites du corps physique et d'accéder à la réalité divine dans l'instant présent. Que peut-il y avoir de plus tonifiant?

Nous craignons d'instinct tout ce qui est susceptible de présenter pour nous une menace de mort. Les maîtres zen utilisent l'expression «s'accrocher à la poussière» – la matérialité de la vie – pour qualifier une telle peur. Rien de ce qui existe dans le monde ne vous suivra dans la mort: ni vos biens, ni votre argent, ni votre corps. Les cendres redeviendront cendres, la poussière redeviendra poussière. Nous n'avons d'autre choix que d'accepter cette vérité inéluctable et de découvrir, par la pratique du zen, le sens profond de notre existence. Dans un essai intitulé *Squelettes,* Ikkyu écrit:

> *Mâles et femelles, nous ne sommes que des squelettes recouverts de peau qui soupirent les uns après les autres. Lorsque tout*

souffle de vie cesse, la peau se désagrège, l'activité sexuelle cesse et il n'y a plus ni joie ni tristesse. Sous la peau de la personne que nous enlaçons et caressons en ce moment se cache un tas d'os et rien de plus. Songez-y : joie ou tristesse, jeunesse ou vieillesse, mâle ou femelle, tout devient indistinct. [...] Le monde est ainsi fait. Ceux qui n'ont pas compris la fugacité de la vie sont surpris et inquiets lorsque de tels changements surviennent. [...] Libérez-vous des apparences et remontez jusqu'aux origines de l'être.

L'amour charnel nous permet de nous libérer des apparences dans la mesure où notre corps nous aide à sublimer son impermanence même. Notre essence nous apparaît non sous la forme de ce corps qui contient notre énergie sexuelle, mais sous la forme de cette énergie même, qui est éternelle. Notre essence est comme la flamme qui brille au sommet de la bougie, mais trop souvent nous commettons l'erreur de croire que nous sommes simplement une chandelle.

Nous savons au plus profond de notre être que l'amour qui émane de la source de toute vie continue de s'exprimer dans son intégralité bien après notre décès. Lorsque le maître zen Ryokan a dévoilé à la religieuse Teishin son amour pour elle, il lui a promis son amour éternel :

Si ton cœur
Demeure inchangé,
Nous resterons aussi fermement unis
Que la vigne grimpant sans fin
Pendant des siècles et des siècles.

Demeurez entrelacés, votre bien-aimé(e) et vous, telle la vigne grimpant sans fin. Acceptez-vous l'un l'autre à cet instant et remontez jusqu'aux origines de votre être.

C'est là que se trouve la sérénité.

C'est là que se trouve l'amour.

la voie de l'érotisme zen

Faites l'amour avec votre partenaire devant une glace.

Acceptez dans sa totalité ce que vous y apercevez…

Et souriez!

z

s e x e

n

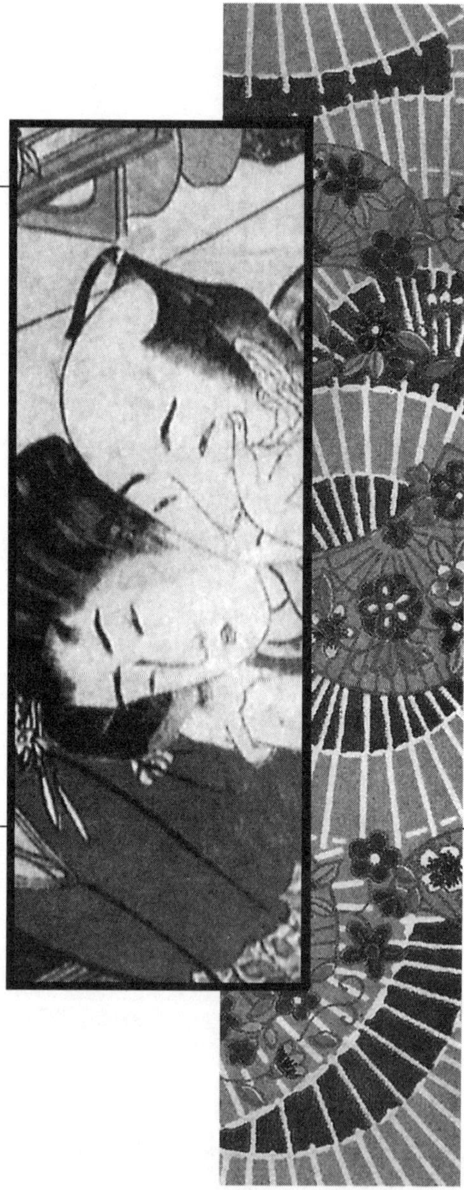

la voie du toucher

Jour et nuit elle jouait avec lui en tout lieu ou presque,
Le touchant avec la partie la plus intime de son corps.
Ikkyu

Dès la naissance, nous avons besoin d'être touché. Dans les hôpitaux, on masse et on dorlote régulièrement les bébés prématurés placés dans des incubateurs, à défaut de quoi leur développement psychomoteur en est retardé. Le toucher indique au nouveau-né qu'il n'est pas seul au monde, qu'il est en sécurité et qu'il est aimé. Tout au long de notre vie, notre besoin à cet égard ne se tarit jamais. Malheureusement pour certains, leurs besoins ne sont jamais comblés ou ne le sont plus après un certain âge.

Le toucher sert de véhicule aux émotions de manière directe et profonde. Colère, tendresse, amour, tensions, réconfort, désir : autant de messages qu'un simple contact permet de transmettre instantanément. Les attouchements sexuels, pour la plupart, sont aussitôt reconnaissables. Quand certaines zones de notre anatomie sont palpées d'une certaine manière, les mots deviennent inutiles. Le message est on ne peut plus clair : *j'ai envie de toi.*

Les attouchements sexuels constituent la forme la plus intime de toucher. Nous n'autorisons que très peu de personnes à nous caresser de cette façon, et rares sont celles qui nous permettent d'en faire autant avec elles. La voie du toucher consiste donc à prendre conscience de ce privilège et de son caractère particulier.

Rien n'est plus excitant que la sensation de franchir un interdit qu'on éprouve lorsqu'on fait l'amour avec quelqu'un pour la première fois ; les mains sont enfin libres de se balader où elles le désirent, d'explorer une peau nouvelle, des formes nouvelles, et de tâter la souplesse ou la fermeté des différentes parties du corps de l'autre. Certains sont incapables de se passer de cette sensation de nouveauté, ce qui explique pourquoi ils changent régulièrement de partenaires.

Comme ne l'ignore pas quiconque a une relation suivie avec la même personne, le sens du toucher s'émousse avec le temps. De même qu'on finit par oublier, après quelque temps, qu'on porte une montre-bracelet, on peut, à force d'habitude, ne plus éprouver de sensation particulière lorsque notre partenaire nous étreint : nos sens considèrent cette présence comme allant de soi.

Mais si l'on prend conscience de sa montre, on la sent de nouveau. On perçoit en fait plus intensément sa présence pour la bonne raison qu'on focalise son attention dessus. La voie du toucher consiste à adopter exactement cette attitude à l'égard de notre partenaire, que ce dernier soit nouveau ou non. Concentrez-vous sur ses caresses, tout en vous concentrant sur celles que vous lui prodiguez.

Il arrive souvent que, dans un trop grand désir de passer aux choses sérieuses, certains négligent ces préliminaires. Prenez le temps de vous caresser, avant et après l'acte sexuel. Quelle que soit l'heure en fait, n'hésitez pas à toucher votre partenaire chaque fois que vous êtes près l'un de l'autre : posez votre tête sur son épaule ou prenez-le par la taille ; tenez-vous par la main ; grattez-lui le dos. Faites-le amoureusement, gracieusement, et assurez-vous qu'il le ressent. Le toucher reste la *seule* façon d'entrer physiquement en contact avec l'autre.

Ikkyu en savait quelque chose. Le grand amour de sa vie était une musicienne aveugle du nom de Lady Mori. Dans bon nombre de poèmes, il s'extasie devant la dextérité avec laquelle elle joue d'un instrument de musique ou le câline, lui. Même Ikkyu, qui avait pourtant atteint les sommets de l'illumination, se disait incapable de caresser avec autant de sensibilité et de perfection qu'elle.

Mes mains ne peuvent égaler celles de Mori.
Elle est la maîtresse incontestée des jeux amoureux :
Lorsque ma tige de jade languit, elle sait la faire reverdir !
Que de joie nous procure notre cercle étroit et intime !

Nos pensées dérivent avec tant de facilité que nous nous coupons parfois de notre sens du toucher. Les douces caresses de l'être aimé deviennent alors expéditives, hésitantes, rébarbatives. Au contraire, la voie du toucher s'inspire de la manière de procéder de Lady Mori caressant son partenaire avec amour et assurance, comme s'il s'agissait d'un instrument de musique, dans le but d'en tirer les plus belles mélodies.

Bien des gens s'imaginent qu'en amour tout est question de technique, comme s'il suffisait de tâter ou de palper les zones appropriées du corps de leur partenaire. Mais, tout comme pour la musique, la technique ne peut jamais remplacer la sensibilité. Il en est des ébats amoureux comme des plus grands airs : ils ne deviennent sublimes que lorsque leurs interprètes y mettent tout leur cœur.

Quel privilège que de pouvoir toucher quelqu'un de manière aussi intime et de lui permettre d'en ressentir une extraordinaire joie de vivre !

Ce soir, rendez quelqu'un heureux.

la voie de l'érotisme zen

Fermez les yeux de manière à affiner votre sens du toucher.

*Imaginez que le corps de votre partenaire
est un instrument de musique…*

Et interprétez votre chant d'amour préféré !

十月 紅葉

la voie des odeurs

Le parfum de son narcisse exhorte mon bourgeon à s'épanouir,
scellant ainsi notre pacte amoureux.
L'odeur exquise de la fleur d'éros,
Cette nymphe marine, m'engloutit nuit après nuit,
Au moment de nos jeux amoureux sur l'océan d'émeraude,
sous le ciel azuré.
Ikkyu

La voie des odeurs se situe au-delà des mots. On ne peut y accéder que par l'expérience et la respiration. Lorsque certains effluves pénètrent nos narines, nous les reconnaissons instantanément. Ainsi, l'odeur des vêtements de notre partenaire ; de ses cheveux ; de son sexe. Des heures après le départ de l'être cher, l'odeur de l'oreiller où a reposé sa tête peut nous apporter le réconfort tout au long d'une nuit solitaire.

Mais si nous essayons de décrire ces parfums à une tierce personne, les mots nous manquent. Nous pouvons dépeindre physiquement notre partenaire à nos copains, de manière qu'ils puissent se faire une image précise de sa physionomie : sa taille, son poids, la couleur de ses cheveux et de ses yeux, etc. Nous pouvons même imiter le son de sa voix, mais comment fait-on pour parler de son odeur corporelle ? Dira-t-on qu'il ou elle « sent bon » ? que son parfum nous « enivre » ? Nous pouvons toujours préciser la marque de son parfum ou de son eau de toilette, mais qui saura à quoi correspond un Chanel N° 5 s'il n'a jamais respiré cette fragrance ?

Cette déficience du langage convient parfaitement à la pratique du zen. La philosophie zen ne renonce pas à l'usage des mots pour autant, mais il est clair pour elle que ceux-ci jouent un rôle limité. « Les mots sont un brouillard qui empêche de voir », dit un adage zen. Serait considéré comme fou quiconque tenterait d'expliquer en mots ce qu'est le zen. Potter Stewart, juge à la Cour Suprême des États-Unis, a dit un jour, en parlant de l'obscénité : « Je ne suis pas en mesure de définir ce que c'est, mais je sais quand j'en vois une. » Il en est de même avec le zen. Il *est,* tout simplement. Nous l'appelons « zen », histoire de lui donner un nom, mais ce nom en lui-même ne signifie rien ; il ne décrit rien, car les mots ne permettent pas de savoir ce qu'est le zen. Cette limitation du langage a conduit Ikkyu à dire :

Il est facile de parler du zen, mais je préfère ne rien dire
Et m'en remettre au jeu de l'amour toute la journée durant.

La voie des odeurs, tout comme la voie du zen, consiste donc à faire l'expérience du monde sans l'intermédiaire des mots. L'illumination résulte de la perception directe du monde ; elle survient avant que nos pensées ne se prennent dans le filet du langage.

Ce qui explique pourquoi les enseignements zen sont largement fondés sur des paradoxes. Les mots s'y entrechoquent intentionnellement dans le but de libérer l'esprit des pièges du langage et de nous ramener à une perception directe, sans parole, des êtres et des choses.

Un jour que le maître zen Joshu (778-897) était occupé à jardiner, un moine vint lui demander de lui expliquer en quoi consistait l'essence du zen.

« Le cyprès du jardin », répliqua Joshu.

Une telle réponse n'a en apparence aucun sens. Les propos de Joshu, qui ont traversé les siècles jusqu'à nous, n'en sont pas moins considérés comme une des clés de l'éveil. Ils sont nés de sa perception directe du monde, sans passer par le filtre de son intellect. C'était pour lui la seule façon d'utiliser le langage aux fins de décrire ce qui est indescriptible par essence.

Commentant la réponse de Joshu, le maître zen Mumon (1183-1260) a écrit :

Les mots ne peuvent tout décrire.
Ils ne peuvent relayer le message qui vient du cœur.
On s'égare à vouloir prendre les mots dans leur sens littéral :
On n'atteindra jamais l'illumination en cherchant à tout expliquer.

De même, la voie des odeurs invite à faire abstraction du langage et à utiliser notre sens olfactif pour pénétrer l'indicible au quotidien. Chaque fois que nous respirons, que nous laissons pénétrer l'air dans nos narines, une occasion d'éveil se présente à nous. Telle est la vérité universelle qu'Ikkyu a comprise en se délectant des effluves de sa bien-aimée :

Ces nuits passées à me bercer au fond de toi :
Tout est dans l'odeur de tes cuisses que je respire.

Tout en empêchant les mots d'envahir votre esprit, inspirez à plein nez le parfum dégagé par votre partenaire. Et si jamais on vous demande de décrire cette odeur, répondez sans réfléchir comme Joshu :

L'amant (ou la maîtresse) dans la chambre à coucher.

la voie de l'érotisme zen

Éteignez les lumières;
Baissez le volume du son;
Respirez.

Humez le parfum de votre amour.

Souvenez-vous pour toujours de cette odeur.

la voie du regard

Tu peux croire en l'homme qui te fait face:
Approche simplement ton regard et ressens l'intensité de son amour.
Ikkyu

La voie du regard est constituée à la fois de ce que les yeux voient et de ce qu'ils projettent.

Ils entrevoient la lumière.

D'eux émane l'esprit.

Les deux étant en définitive identiques.

Nous avons tendance à considérer le monde comme s'il était scindé en deux: à l'intérieur, se trouve un observateur et à l'extérieur, le monde observé. En réalité, nous sommes distincts du monde qui nous entoure, tout en en faisant partie. Expérimenter l'état zen consiste à prendre conscience de se trouver dans ces deux positions simultanément.

Lorsqu'ils examinent le monde extérieur, nos yeux sont essentiellement des détecteurs de lumière : des organes qui réagissent aux ondes électromagnétiques qui stimulent notre système nerveux central. C'est cette même lumière qui nous permet de repérer l'être aimé dans la foule ou de l'admirer en train de se déshabiller, ou encore, comme l'exprime si bien Ikkyu, de profiter de la vision agréable que nous procure l'autre :

Au bain elle se lavait, se frictionnant le visage et le corps ;
Au bain je m'aspergeais d'eau, me réjouissant à la vue de son corps.

Le regard est instinctivement attiré vers tout ce qui excite le désir. Dans la nature, depuis les nageoires brillantes du guppy jusqu'au jean qui s'ajuste aux hanches, en passant par les plumes chatoyantes du paon, mâles et femelles de nombreuses espèces manifestent leur appétit sexuel en émettant des signaux visuels. Notre réaction à ces signaux est purement instinctive. Lorsque nous sommes excités sexuellement, la pupille de nos yeux se dilate instinctivement. Des chercheurs ont découvert, en demandant à des hommes d'évaluer le degré d'attraction exercée par des femmes qu'on avait prises en photo, qu'ils étaient davantage attirés par celles dont les pupilles étaient dilatées ; il en résultait que les pupilles des hommes se dilataient à leur tour de trente pour cent. Un peu comme si, devant une image sexy, notre œil voulait capter davantage de cette lueur agréable. Le troubadour Guiraut de Borneilh a décrit la chose ainsi :

Les yeux sont les éclaireurs du cœur :
Ils partent en reconnaissance,
En quête de ce qu'il plairait au cœur de posséder.

Trop souvent hélas ! nous nous arrêtons aux apparences extérieures. La voie du regard consiste au contraire à découvrir l'essence des choses qui se cache derrière leur aspect superficiel. Nos pupilles ont beau se dilater à la vue d'un visage attrayant, nous possédons la capacité, en tant qu'êtres humains, d'évaluer ce que capte notre regard. Dans bien des cas, d'ailleurs, nous jetons simplement « un coup d'œil » plutôt que de regarder attentivement, affirme Frederick Franck, auteur d'un livre sur le zen et l'art du dessin :

> *Il existe une énorme différence entre voir le monde qui nous entoure et y jeter un simple coup d'œil. Un chat, un crocodile est en mesure d'apercevoir les êtres et les choses, mais seuls les humains ont la faculté de les voir en profondeur. Bien que la plupart d'entre nous, bombardés que nous sommes quotidiennement par des images de toutes sortes, ayons perdu ce don de la vision, nous pouvons réapprendre à voir et découvrir comment réactiver cette capacité de regarder les choses avec un regard neuf chaque fois que nous les apercevons.*

Cette inaptitude à voir la vraie nature de l'autre engendre inévitablement des difficultés sur le plan des rapports sexuels. « Lorsqu'un homme, en apercevant une femme, ne voit en elle qu'une partenaire sexuelle, affirme le mythologue Joseph Campbell, il la considère comme un moyen de satisfaire un besoin personnel et non comme une femme à part entière. C'est un peu comme si, en apercevant une vache, on se contentait de penser à un bifteck. » Pareil aveuglement traduit une incapacité de voir le caractère sacré de tout être et de toute chose. Chaque fois que nous réservons un mauvais traitement à la nature et aux autres, nous ratons une occasion d'entrevoir la Lumière divine qui se dissimule derrière les apparences.

La voie du regard consiste à voir cette lumière spirituelle qui illumine toute chose. Méditez sur ce que captent vos yeux ; laissez-vous absorber par ce qu'ils voient, ainsi que l'exprimait James Joyce : « Si vous regardez intensément un objet, celui-ci peut devenir la porte d'accès à l'inaltérable immortalité des dieux. » Pour sa part, Ikkyu écrit : « Fixez du regard jusqu'à ce que vos yeux cessent de voir ce cabinet, cette cloison, cette page irréelle ». Faites-le tant que vous ne connaîtrez pas l'identité de l'observateur : non pas ce « vous » prisonnier de son ego, mais la source lumineuse qui coule en vous et qui n'est autre que de l'énergie spirituelle. Tel est le sens profond de l'expression « Les yeux sont le miroir de l'âme ».

Nous sommes tous cette intelligence divine qui se contemple dans un gigantesque miroir, comme le dit si bien Ikkyu :

Glace devant la glace,
Nulle part ailleurs.

C'est ce simple reflet qui donne tout son sens à l'existence humaine. Thomas Berry, qui a étudié les religions du monde, assure que ce reflet reste la principale contribution des êtres humains à l'univers :

> *Nous permettons à l'univers de se renvoyer à lui-même sa propre image, de se sourire à lui-même et de jouir de lui-même en quelque sorte. Pendant que l'univers est à l'œuvre dans chaque recoin de l'univers, le rôle particulier de l'homme consiste à donner à l'univers l'occasion de se refléter lui-même*

selon son propre mode de conscience de soi, de s'apprécier lui-même et de se glorifier à la vue du mystère insondable qui se manifeste en toute chose.

À présent, plongez votre regard dans les yeux de votre partenaire et voyez votre propre reflet dans son regard. Pendant que vos pupilles se dilatent au sein de leur iris respectif, tels des cercles concentriques en expansion, posez-vous la question :

Qui observe qui ?

la voie de l'érotisme zen

Épuisez votre partenaire en lui faisant passionnément l'amour.

Au moment où ce dernier sombre dans le sommeil,
méditez en l'observant.

Que vous révèle la lumière qui se manifeste à vous ?

z

s e x e

n

la voie de la bouche

Je suis épris de la belle Mori originaire des jardins célestes.
Étendu sur des coussins, ma langue cajolant
l'étamine de sa fleur,
Ma bouche s'abreuve du parfum exquis du
torrent qui déborde.
Le crépuscule paraît, puis le clair de lune
dessine des silhouettes pendant que nous
entonnons notre chant d'amour.
Ikkyu

C'est par la bouche que nous absorbons la nourriture qui nous donne la vie. Le monde extérieur nous fournit les éléments nutritifs que nous ingurgitons et qui deviennent une partie de nous.

La voie de la bouche consiste à avoir la même attitude quand nous faisons l'amour. Dégustez votre partenaire. Promenez votre bouche sur chacune des parties de son corps et utilisez-la de toutes les manières possibles et imaginables. Songez à tout ce que vous pouvez faire à l'aide de vos lèvres, de votre langue et de vos dents :

embrasser
lécher
mordiller
goûter
mordre
sucer
manger
souffler
boire
avaler

Puis passez à l'action ! Au cours d'une partie de Scrabble, personne ne sourcille à la vue de ces mots. Mais placez-les dans un contexte sexuel et tout de suite ils titillent les neurones alors que le rythme cardiaque s'accélère. N'oublions pas que la bouche permet également d'exprimer des idées et des sentiments. Ceux qui sont en accord avec la voie de la bouche n'ignorent pas les vertus aphrodisiaques du langage érotique. Qu'ils soient murmurés au cours d'une réception, formulés explicitement au téléphone ou hurlés en plein coït, les propos lascifs que nous tenons à notre partenaire ont le pouvoir d'enflammer son imagination. Que vos paroles soient obscènes, licencieuses ou aimables – ou les trois à la fois –, assurez-vous qu'elles expriment bien vos désirs et vos intentions. Le silence n'est pas de mise dans la chambre à coucher. Sachez supplier, implorer, taquiner l'être aimé, voire lui donner des ordres, dans le seul but d'accroître son excitation, et la vôtre par la même occasion. Les maîtres zen utilisent les mots pour mieux s'affranchir de leurs limites ; de même, le langage sexuel a pour but de nous propulser vers cet instant où survient l'abandon total.

En tant qu'objet érotique, la bouche occupe une place de choix dans le psychisme humain. Ainsi, selon les anthropologues, leur ressemblance avec les lèvres formant la vulve, lorsque celle-ci est humide et dilatée par suite d'une excitation sexuelle, explique la fascination qu'exercent les lèvres entourant la bouche sur les hommes et les femmes. Le baiser langoureux, qui comporte l'introduction de la langue dans la bouche de l'autre et un échange de salive, symbolise à la fois la stimulation de la vulve et le retour sur les lieux de notre conception.

Les relations sexuelles buccogénitales correspondent à ce même désir de revenir à nos origines. Pour Ikkyu, il n'y a pas de plus grand délice dans la vie que de faire l'amour avec la bouche. En tant que joueur chevronné de flûte japonaise – un instrument exigeant pour les lèvres et la langue –, il se délectait de pouvoir appliquer son savoir-faire aux parties génitales féminines. Le cunnilingus avait à ses yeux la propriété de pouvoir mettre un terme à la quête spirituelle de l'homme :

Les koans ne sont que des leurres,
Mais pas la délectable chatte des jeunes filles sur lesquelles
je m'allonge.

Tout au long de sa longue histoire d'amour avec la musicienne Mori, il n'a cessé d'aborder le thème de l'amour oral :

Fleur de prunelle posée près du sol, sa cavité sombre s'entrouvre,
Tout imprégnée des perles de sa passion, tout imbibée de la lubricité de ma langue.

Je voudrais te renifler comme un chien et te déguster
Avant que d'embrasser sans fin tes autres lèvres, toison blanche ou non.

Pendant qu'elle s'affairait à la cuisson, je me suis agenouillé et j'ai mis ma tête entre ses deux cuisses sombres et ardentes ;
Sa jupe relevée, je l'ai embrassée, léchée et sucée jusqu'à ce qu'elle atteigne la jouissance.

J'ai souvenir d'un après-midi paisible où elle avait attrapé ma trique,
S'était baissée et s'était amusée à la garder dans sa bouche pendant au moins une heure.

Comme les poèmes d'Ikkyu le soulignent, la pratique du sexe oral requiert un degré d'habileté supérieur. Davantage que pour les autres aspects de l'amour charnel, elle repose sur une technique élaborée, une plus grande sensibilité, une plus grande disponibilité et une plus longue expérience. Si vous en éprouvez le désir, il y a tout lieu de vous spécialiser dans ce domaine si spécifique de l'art amoureux. Tout comme pour l'étude du zen, aucun talent particulier n'est ici nécessaire ; quiconque en sent le besoin peut s'y adonner. Tout dépend de l'intensité de votre soif de savoir.

Utilisez votre bouche comme bon vous semble et dévorez votre bien-aimé(e). Nourrissez-vous de votre partenaire. Remplissez-vous de sa substance et appréciez-en toute la saveur.

La voie de la bouche deviendra alors pour vous voie d'accès vers l'illumination.

l a   v o i e   d e   l ' é r o t i s m e   z e n

Embrassez votre partenaire sur la bouche tout
au long de l'acte sexuel.
Voyez le cercle ainsi formé.

Où ce cercle commence-t-il?
Où finit-il?

z

s e x e

n

la voie du cri

Quelque chose en nous cherche à pousser un cri ;
Quelqu'un que nous aimons le sait et l'entend.
Ikkyu

Selon la philosophie zen, chaque son est un chant interprété par l'intelligence divine, une expression de l'ultime vérité. Lorsque nous faisons l'amour, cette vérité se manifeste par la voie du cri.

Une anecdote raconte qu'un maître zen avait préparé un discours à l'intention de ses élèves. Au moment où il allait ouvrir la bouche pour parler, un oiseau se mit à chanter.

« Le sermon vient d'être prononcé », lança-t-il.

Dans le chant d'un oiseau, c'est la nature qui exprime sa vérité. La même chose est vraie en ce qui concerne les sons émis au cours de l'acte sexuel. Les soupirs, gémissements ou cris aigus que nous poussons émanent du plus profond de notre être : ils traduisent sans que nous en soyons conscient ce que nous ressentons alors. Tout comme l'appel du mâle au moment de la saison des amours, ils sont l'expression naturelle de l'énergie sexuelle qui est en nous. L'illumination guette quiconque est disposé à les entendre.

Les maîtres zen accordent une attention toute spéciale au sens de l'ouïe. Témoin, le célèbre koan de Hakuin (1689-1769) demandant à ses élèves de prêter l'oreille au « son produit lorsqu'une seule main applaudit ». Lorsque les moines restent assis pendant des heures à méditer, ils deviennent attentifs au son de leur respiration ainsi qu'aux bruits de la nature : le gazouillis des oiseaux, le souffle du vent dans les arbres, le bourdonnement d'un insecte, etc. Ils tentent de pénétrer là où il n'existe ni bruit ni silence, d'arriver à la source même du bruit et du silence. Les seuls sons produits par l'homme qu'il leur est donné d'entendre se résument au tintement d'une cloche ou au signal, donné par une claquette en bois, qui marque la fin de chaque séance de méditation et accentue l'impression créée par le silence environnant.

Selon la philosophie zen, bruit et silence ont une égale valeur. C'est le croassement d'une corneille qui a permis à Ikkyu de parvenir à l'illumination. Mais le silence qui régnait entre deux cris, voilà ce qui l'a réellement impressionné. Son maître lui attribua alors le nom d'Ikkyu, qui signifie « une pause ». Ce dernier écrivit quelque temps après :

Une pause entre deux clameurs
Insouciantes de la corneille : Ikkyu, Ikkyu, Ikkyu.

Cette notion de pause entre deux clameurs montre bien la conception zen du temps : celui-ci est perçu comme une suite ininterrompue d'existences, avec un bref intervalle entre deux vies. La voie du cri permet d'accéder à cette même vérité. Le temps que nous passons sur cette terre est relativement court. Pour bien le vivre, il importe de le combler d'amour. De *faire l'amour* dans le sens le plus profond de cette expression. Nous nous devons, au cours de la courte pause que nous faisons ici-bas, de nous connecter au vaste continuum spatio-temporel. Les sons produits lors de l'excitation sexuelle, et qui jaillissent du plus profond de notre être, sont émis par l'intelligence divine qui vit à l'intérieur de nous. En les exprimant, en les entendant, nous ressentons toute la puissance de cette chose qui nous dépasse amplement. Notre défi, à nous qui avons cette pause à vivre, consiste à entendre, dans chaque bruit aussi bien que dans chaque silence, l'expression même de cette force cosmique.

Les maîtres zen émettent un cri particulier – *katsu!* – dans le but avoué de produire cet effet. Ce son, qui exprime l'énergie à l'état pur qui émane du plus profond de chaque être, est identique au cri d'amour qui jaillit durant l'acte sexuel. Le maître zen Rinzai était bien connu pour son cri, qui avait le don, par l'effet de surprise qu'il avait sur les moines, de leur faire prendre instantanément conscience de la vérité zen. Ikkyu, qui vénérait Rinzai, nota à ce sujet :

Rinzai s'écriait KATSU! au bon moment, dispensant la vie, la mort KATSU!
Les yeux tout autour étaient radieux, radieux les yeux, le soleil, la lune KATSU! KATSU!

Dans l'ardeur de la passion, le cri de l'être aimé peut produire le même effet. En l'entendant, nous sommes soudain remplis d'énergie ; à notre tour, nous incitons l'autre à atteindre des sommets inégalés en lui renvoyant cette énergie, qui prend alors la forme d'une boule d'amour en expansion.

Lorsque le cri de l'amour s'échappe de vos poumons, laissez-le s'extérioriser depuis les profondeurs de votre être. « D'un même chant d'amour ruissellent dix mille soutras [adages religieux] », soutient Ikkyu. Tous ceux qui l'entendront reconnaîtront la réalité de l'extase, la libération d'une énergie illimitée, trop puissante pour rester plus longtemps contenue dans l'organisme.

C'est le son de l'orgasme.

Ou le son du son par excellence.

Mais quel que soit le nom que vous lui donniez, ne retenez pas ce cri plus longtemps.

la voie de l'érotisme zen

Ce soir, quand vous chevaucherez l'être aimé dévêtu,

Interprétez votre plus beau chant d'amour.

les sept voies de l'esprit

Ce moine affamé qui chante près du réverbère, c'est Bouddha, et pourtant il pense à toi.

Ikkyu

La dualité
Le don
Les nuages
L'union
L'abandon
La création
Les naissances et renaissances

la voie de la dualité

Nuit après nuit, nous nous enlaçons tels deux tourtereaux
sur le terre-plein de méditation,
Abîmés dans le batifolage amoureux, les propos intimes
et la jubilation orgasmique.
Ikkyu

La voie de la dualité consiste à comprendre le processus d'échange inhérent à toute relation, en d'autres termes : l'effet réciproque ou interdépendance du yin et du yang.

Cet ancien symbole de la cosmologie chinoise se présente sous la forme de deux figures ayant l'aspect de fœtus imbriqués l'un dans l'autre, dont l'un est blanc et l'autre noir. Ensemble, le yin et le yang incarnent les diverses paires d'antithèses qui composent notre expérience quotidienne du monde :

mâle et femelle, vie et mort, amour et haine, substance et néant. Dans les philosophies orientales, il existe une infinité d'oppositions binaires semblables. Voici les plus communément associées au yin et au yang :

Yin-yang

Yin	Yang
Femelle	Mâle
Douceur	Fermeté
Immobilité	Mouvement
Intérieur	Extérieur
Ombre	Lumière
Nuit	Jour
Lune	Soleil
Terre	Ciel

Comme deux amants qui changent continuellement dc position au cours de leurs ébats, le yin et le yang ne sont pas statiques : ils bougent, non pas individuellement mais ensemble ; comme la marée qui est tantôt haute, tantôt basse, ils s'opposent mais se complètent. L'un n'existe pas sans l'autre : ils forment un tout indissociable. « Oppositions et différences se définissent et s'expliquent les unes par les autres, précise le *Tao-te king*. Leur équilibre précaire contribue à l'harmonie des êtres et des choses. »

On ne peut mettre en pratique l'érotisme zen si l'on n'a pas d'abord conscience de l'interaction qui existe entre ces principes antinomiques, car, ensemble, ils commandent la manière dont nous percevons le monde en général et la sexualité en particulier. L'acte sexuel reste d'ailleurs le moyen par excellence d'appréhender cette interdépendance du yin et du yang. Quelle meilleure représentation de ce concept de « deux en un et un en deux » existe-t-il qu'un couple d'amants enlacés, tous deux formant à la fois un tout et la moitié d'un tout ?

Cette réciprocité est telle qu'on peut remarquer, à l'intérieur du cercle englobant le yin et le yang, que chaque figure en forme de fœtus contient à son tour un plus petit cercle de la couleur de la figure adverse. En d'autres termes, à l'intérieur des cercles se trouvent des cercles à l'intérieur desquels se trouvent d'autres cercles. Rien ni personne n'est totalement yin ou totalement yang. Nous avons tous un côté mâle et un côté femelle ; nous sommes tous le fruit de l'union d'un homme et d'une femme. Il peut sembler qu'une de ces parties domine l'autre, mais ne perdons pas de vue qu'un équilibre se produit au niveau supérieur, tout comme au niveau inférieur.

Si nous maintenons que tous les rapports amoureux doivent se conformer au modèle de relations homme-femme, nous négligeons le fait que le yin et le yang présentent un tableau plus complet des choses. Un équilibre entre le yin et le yang s'établit dans chaque relation, quelle soit basée sur le modèle homme-femme aussi bien que sur les modèles homme-homme et femme-femme. (L'histoire montre qu'au Japon l'homosexualité n'était pas stigmatisée comme en Occident ; les prêtres zen considéraient celle-ci comme un mode de vie acceptable. Ikkyu lui-même mentionne qu'il a fait ses premières expériences sexuelles avec des garçons : « Ce superbe [...] jeune homme est comme une branche de prunier, écrivit-il un jour. Si vous souhaitez posséder cette fleur, traitez-la avec tendresse. »)

On serait tenté de croire qu'une relation entre deux personnes du même sexe prive ces dernières de leur contraire ; c'est oublier qu'un partenaire peut être plus féminin (yin) et l'autre plus masculin (yang). Si l'on considère l'ensemble des individus qui composent la société, les couples homosexuels forment un cercle de dimension réduite au sein du plus grand cercle formé par les couples hétérosexuels.

La voie de la dualité est en mouvement perpétuel, tout comme le flux et le reflux de l'océan. C'est pourquoi il ne peut y avoir d'équilibre parfait entre le yin et le yang à un instant donné. Il importe donc de chercher activement à se maintenir en équilibre, tels deux amants sur le pont d'un navire ballotté par les flots. Seul cet incessant mécanisme de contrepoids permet d'emprunter la voie médiane qui transcende toute forme d'opposition et mène à l'illumination.

La voie de la dualité a pour but de créer un équilibre interne et externe entre le yin et le yang, c'est-à-dire en nous, dans notre vie sexuelle et dans le monde qui nous entoure. Le yin et le yang engendrent un mouvement de va-et-vient qui est rythmique par essence. Le défi consiste à donc percevoir ce rythme et à se synchroniser avec lui.

Il n'est pas rare que certaines personnes disent ne pas avoir le sens du rythme, mais que sont les battements et pulsations cardiaques sinon une forme de tempo ? Le mouvement du yin et du yang est inscrit en chacun de nous : dans le rythme de notre respiration, dans notre démarche… Ne pas avoir le sens du rythme équivaut à ne pas être en synchronie avec soi-même, car le rythme est quelque chose d'inné.

En japonais, « rythme inné » se dit *hyoshi,* ce qui signifie littéralement « applaudissements d'enfant ». Nous naissons tous avec le sens du rythme du bébé qui bat spontanément des mains. Et lorsque nous retrouvons ce rythme naturel, nous pouvons le synchroniser avec le mouvement du yin et du yang qui existe autour de nous : le rythme de l'être aimé, le rythme des jours et des saisons, le rythme de l'univers tout entier. « Le but de la vie, assure le mythologue Joseph Campbell, c'est de faire en sorte que les battements de votre cœur s'accordent avec le rythme de l'univers. »

Hyoshi

Mieux nous sommes synchronisés avec le mouvement du yin et du yang, plus nous développons notre sens du rythme. Nous agissons à notre propre rythme, sans éprouver le besoin de nous conformer à celui des autres. Dans nos rapports avec les autres, nous procédons suivant un rythme approprié, l'accélérant ou le freinant au besoin. De même, nous savons comment accroître le plaisir de l'autre et à quel moment le couvrir de baisers et de caresses qui le conduiront en temps opportun jusqu'à l'extase. Nous savons quand mener la cadence et quand nous laisser prendre par le rythme, car la voie de la dualité exige de connaître les deux. Comme les maîtres zen l'enseignent, « il n'y a pas de rivalité entre deux cours d'eau ». Laissez-vous couler au rythme de votre partenaire et faites l'amour tout naturellement.

Il ne convient pas de réfléchir au rythme que doivent adopter vos ébats amoureux. Ce n'est pas quelque chose que l'on peut appréhender intellectuellement : il faut le *vivre,* en étant à la fois conscient et ignorant de ce qui survient. Quand la musique est appropriée, que les vêtements tombent et que la lumière tamisée vient éclairer de manière troublante le corps de l'être aimé, on adopte sans réfléchir le rythme approprié. Ce n'est que lorsque la sonnerie du téléphone ou une parole inconsidérée vient interrompre nos ébats que nous prenons soudain conscience du rythme qui vient d'être brisé.

En pareille circonstance, les personnes en harmonie avec la voie de la dualité ajustent simplement leur rythme ; les autres ont la désagréable sensation d'avoir perdu quelque chose. Le meilleur moyen de retrouver la cadence consiste dès lors à élever la conscience que vous avez de votre sens du rythme. Si votre progression vers l'orgasme est brutalement stoppée, élargissez l'idée que vous vous faites de l'acte sexuel. Imaginez pour ce faire que vous êtes un samouraï engagé dans un duel. Un escrimeur inexpérimenté qui voit ses premiers assauts bloqués est susceptible de se laisser déstabiliser par son adversaire. Au contraire, le samouraï expérimenté saura garder le même rythme tout le long d'une série de parades ; il ne considère pas chaque coup et chaque botte séparément, mais comme s'intégrant à *un seul et même mouvement ininterrompu* destiné à le conduire vers la victoire. Voyez les choses sous cet angle lorsque vous pénétrez dans la chambre à coucher. Ne laissez pas une interruption momentanée briser votre rythme. Si vous batifolez au lit un samedi après-midi et qu'on frappe avec insistance à votre porte, restez sur le sentiment que vous atteindrez sous peu l'apogée du plaisir, même si vous ne pouvez poursuivre vos ébats que quelques heures plus tard. Tout au long de l'intervalle qui s'ensuit, servez-vous de vos yeux, de votre voix, de vos mains et même de vos orteils pour rappeler à votre partenaire qu'il ne perd rien pour attendre.

Et lorsqu'il vous sera enfin loisible de reprendre là où vous aurez laissé, ressentez le rythme du yin et du yang s'établir de nouveau entre vous et formez dès lors un seul et même cercle.

la voie de l'érotisme zen

Laissez l'être aimé vous guider tout en le guidant vous aussi.
Jouez l'un avec l'autre.
Faites simultanément des mouvements de va-et-vient,
les deux ne formant plus qu'un,
par moments plus rapidement,
par moments plus lentement,
par moments plus profondément,
par moments plus vigoureusement.

Qui êtes-vous tous les deux?
Qu'est-ce qu'être un?

z

s e x e

n

la voie du don

Chaque nuit, Ikkyu chante tout haut pour lui-même,
Pour le ciel et les nuages,
Parce qu'elle s'est offerte librement, elle
Et ses mains, sa bouche, ses seins et ses fines cuisses humides.
Ikkyu

L'érotisme zen se résume à ceci : deux amants faisant l'amour avec le désir de donner à l'autre et non de prendre égoïstement, s'oubliant complètement pour l'autre dans l'instant présent. L'objectif étant d'avoir la même attitude à tout moment de la relation.

La voie du don se fonde sur les enseignements du *chado,* la célèbre cérémonie japonaise du thé. Chaque fois qu'ils prennent le thé ensemble, l'hôte et son invité ont la chance de partager un moment unique. L'hôte se montre plein de considération à l'égard de son invité ; ce dernier fait preuve de gratitude à l'égard de son hôte. Ainsi, de manière toute simple, l'harmonie qui s'installe entre eux engendre plus d'harmonie dans le monde.

Un des principes du *chado,* dit *kokoro ire* ou « contribution du cœur », s'applique directement au don. Mettez du cœur dans ce que vous faites, enseignent les maîtres du thé japonais. N'offrez pas le thé dans le but d'impressionner les autres ou dans l'espoir d'obtenir quelque chose en retour : attachez-vous plutôt à les servir en toute sincérité et en toute humilité. Le meilleur thé du monde n'est pas celui que votre hôte vous sert dans un salon de thé garni de dorures ou richement décoré. L'ingrédient le plus important, comme pour tout repas, reste l'amour qu'y met celui qui le prépare.

心入

Kokoro ire

Une anecdote mettant en scène le plus célèbre maître de thé du Japon, Sen Rikyu (1522-1591), permet d'illustrer ce point. Un producteur de thé avait un jour invité le grand maître à prendre le thé.

Comblé de joie en voyant que Rikyu avait accepté son invitation, le producteur conduisit ce dernier dans le salon de thé et fit lui-même le service. Tout à son excitation, il laissa tomber la louche de sa main tremblante et renversa la passoire à thé. Les autres invités, tous disciples de Rikyu, se mirent à ricaner devant la maladresse du planteur, ce qui incita Rikyu à dire : « Votre thé est excellent. »

Sur le chemin du retour, un des disciples de Rikyu demanda à ce dernier : « Pourquoi vous êtes-vous montré si ému par une cérémonie aussi ridicule?» Rikyu de répondre: « Cet homme ne m'a pas invité dans le but de m'impressionner par son savoir-faire. Il a tout simplement voulu me servir le thé avec amour. Il s'est appliqué tout entier à préparer le thé à mon intention, sans se soucier des erreurs qu'il pouvait commettre. C'est sa sincérité qui m'a touché. »

La voie de l'éveil passe par l'action de donner pour le simple plaisir de donner. Certains s'imaginent parfois que la fortune, une maison luxueuse ou de somptueux présents sont nécessaires pour conquérir le cœur de l'être aimé. Mais le principe du *kokoro ire* – contribution du cœur – nous rappelle que rien n'est plus important que l'amour que nous prodiguons à ceux qui nous entourent. Chacun est la manifestation de l'intelligence divine; être de tout cœur avec quelqu'un, c'est faire preuve de respect non seulement à l'égard de cette personne, mais également à l'égard de l'énergie cosmique qui anime tout être et toute chose.

Il arrive à certains de donner par sentiment du devoir ou par besoin de sécurité. Faire l'amour ne devrait pas être une corvée. Si vous songez à la lessive ou au boulot qui vous attend le lendemain, votre corps et votre esprit sont dissociés. Quand on donne sans entrain, on donne en pure perte. *Ne languissez pas en chemin.* Si vous traînez les pieds, c'est que vous êtes sur la mauvaise voie.

En revanche, ne donnez pas non plus dans le but bien narcissique de prouver quoi que ce soit. La plupart des conseils destinés à mettre plus de piquant dans sa vie sexuelle mettent l'accent sur l'acquisition de connaissances techniques: comment stimuler le point G, 101 façons d'embrasser, d'innombrables positions destinées à faire de vous des virtuoses de l'amour, etc. Mais quel que soit votre savoir-faire en amour, si votre cœur n'est pas de la partie, vous éprouverez tôt ou tard une impression de vacuité: vous serez comme ces mauvais acteurs qui font les cabotins sur scène. L'esprit doit d'abord y être: si vous gardez à l'esprit que vous faites une offrande à votre partenaire, la technique suivra d'elle-même.

Évitez toutefois d'en faire trop: l'effet escompté ne serait pas au rendez-vous. Pour apprécier pleinement l'acte sexuel, il importe de se détendre et de ne pas précipiter les choses. Rykyu a écrit à propos de la pratique du *chado*:

> *Il est bien que l'hôte et son invité fassent de leur mieux pour se combler l'un l'autre. Il serait toutefois dommage pour eux d'avoir cet objectif en tête au départ.*

Il suffit d'offrir son cœur pour être un bon amant. Si des maladresses surviennent en cours de route, les deux partenaires n'ont qu'à se faire part de leurs désirs respectifs et les choses s'amélioreront avant longtemps.

Ne donnez pas non plus avec ostentation: votre partenaire pourrait se sentir obligé à votre égard. «Œuvrez en secret», enseignent les maîtres. C'est le principe même du *toku,* mot japonais qui se traduit généralement par «vertu», mais qui signifie concrètement «action juste non rétribuée». Le *toku* équivaut à l'amour dont on entoure un nouveau-né. Lorsqu'il grandit, l'enfant ignore tout des sacrifices que ses parents ont consentis pour lui: il se sent tout simplement heureux, et c'est là que se trouve la récompense véritable. Donnez à ceux que vous aimez, de telle sorte qu'ils ignorent tout de vos actions : vous élèverez ainsi le niveau spirituel de l'humanité tout entière.

Vous n'avez pas à vous inquiéter au sujet de votre rétribution : lorsque deux amants se livrent à leurs ébats, donner et recevoir deviennent une seule et même chose. L'un se trouve à l'intérieur de l'autre : il est donc vain de chercher à savoir qui donne et qui reçoit. C'est ce que le poète et philosophe Khalil Gibran (1883-1931) a exprimé en ces termes :

Toku

> *C'est le plaisir de l'abeille de butiner le miel de la fleur, mais aussi le plaisir de la fleur d'offrir son nectar à l'abeille. Car pour l'abeille, une fleur est source de vie, comme pour la fleur, une abeille est messagère d'amour. Et pour les deux, abeille et fleur, donner et recevoir du plaisir sont un besoin et une extase.*

Lorsque vous ne faites plus qu'un avec le tout, peu importe ce dont vous faites présent, car vous possédez déjà tout. Donnez donc librement du fond du cœur, car vous ne pourrez jamais en épuiser le contenu. Les maîtres zen affirment d'ailleurs : « S'il est suffisamment profond, le puits alimentera le ruisseau en abondance. » Quel que soit ce que vous offrez aux autres, vous vous sentirez toujours plein, car vos offrandes puisent à une source inépuisable.

Et ce puits sans fond n'est autre que l'amour.

la voie de l'érotisme zen

Faites du bien à l'être aimé, mais en secret:
Offrez-lui quelque chose qu'il ne remarquera peut-être même pas.

N'en dites rien à personne!

z

s e x e

n

la voie des nuages

Étends ta main,
elle devient un nuage ;
retourne-la, de la pluie
Adage zen

Observez les nuages dans le ciel : vous voyez quelque chose qui existe et qui pourtant n'existe pas. Car si vous pouvez les voir, vous ne pouvez pas les toucher. Vous pouvez distinguer leur contour, mais ils sont pourtant informes. Nous sommes tous des nuages, selon la philosophie zen : nous existons pendant un moment, puis nous sommes inexistants l'instant d'après. La voie des nuages consiste à prendre conscience de cette vérité éternelle et de la transposer dans nos jeux amoureux.

Autrefois, en Chine et au Japon, l'expression « nuage-pluie » constituait une métaphore poétique pour désigner l'acte sexuel : elle signifiait que le ciel faisait symboliquement l'amour à la terre. Ikkyu a utilisé cette image à plusieurs reprises :

Le « nuage-pluie » des femmes séduisantes engendre les rivières profondes de l'amour.
La fille du pavillon et le vieux prêtre zen chantent à l'étage.

Unsui

Au Japon, on appelle *unsui* – ce qui signifie littéralement « nuage et pluie » – les moines itinérants, afin de leur rappeler l'importance de rester mobiles et souples. Histoire de caractériser son excentricité et son non-conformisme à l'égard de la tradition zen, Ikkyu prit le surnom de Kyoun, c'est-à-dire « Nuage Fou ». (En japonais, le mot *kyo* a une connotation favorable : il est associé au courage et aux intentions nobles de celui qui s'affranchit de tout précepte pour mieux vivre selon l'esprit des règles établies.) Il a donné au recueil de ses poèmes le titre d'« Anthologie du Nuage Fou ».

J'ai consacré ma vie aux jeux de l'amour ;
Je n'éprouve aucun regret à l'idée de m'être enchevêtré de la tête aux pieds dans le cordon rouge,
Et je n'ai pas davantage honte d'avoir vécu comme un Nuage Fou.

Être comme un nuage dans la chambre à coucher, Ikkyu en était persuadé, équivaut à faire preuve de la plus grande virtuosité sur le plan sexuel : à faire l'amour avec grâce, libre de toute entrave, en étant entièrement absorbé dans l'instant présent. Il a loué sa bien-aimée en ces termes :

Sa bouche jouait avec mon sexe
À la manière d'un nuage qui joue avec le ciel.

La voie des nuages permet de rester conscient de la brièveté de la vie et de s'immerger par conséquence dans l'instantanéité de chaque séance amoureuse. La vie est courte. Elle ne dure que le temps d'une pause. Faites l'amour comme si demain n'existait pas ; dans la philosophie zen, il n'y a *pas* de lendemain : seul l'instant présent compte. Ikkyu le confirme :

Une courte pause entre
Le chemin détrempé où nous sommes
Et le chemin toujours sec qui nous attend là-bas :
Si la pluie est là, qu'elle tombe !
Si la tempête est là, qu'elle fasse rage !

Comme les nuages, nous sommes tous différents de nature : certains sont légers, d'autres lourds ; certains sont délicats, d'autres moelleux ; certains sont évanescents, d'autres menaçants ; certains sont calmes, d'autres tumultueux. Devenez ce nuage majestueux qui protège de son ombre de vastes étendues d'océan ; ce nuage de brume qui couvre la vallée de baisers grâce aux rais de lumière qui le transpercent ; ce nuage orageux qui déverse des pluies torrentielles sur les montagnes. La voie des nuages, c'est tout cela.

Sans nuages, il n'y a pas de pluie.

Sans pluie, il n'y a pas d'arc-en-ciel.

la voie de l'érotisme zen

Étendez-vous sur l'herbe et observez les nuages qui passent
au-dessus de vous
Pendant que votre amour vous déguste à coups
de langue et de baisers.

Chantez sous la pluie!

z
s e x e
n

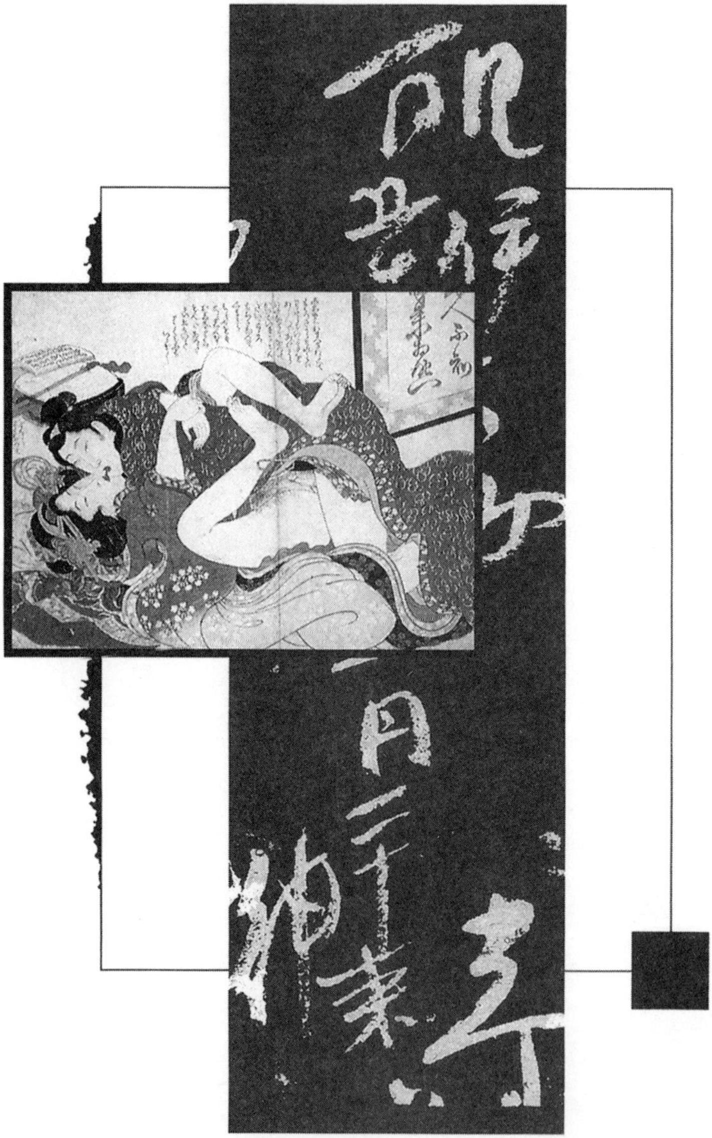

la voie de l'union

Toi, moi, quand j'y songe, quand j'y songe vraiment,
C'est la même chose.
Ikkyu

La mythologie du monde entier abonde en légendes selon lesquelles la volonté de s'unir sexuellement correspond à un profond désir d'unité. Selon ce qu'Aristophane nous rapporte du *Symposium* de Platon, les dieux ont divisé les êtres humains en deux, de sorte que chaque moitié se sent incomplète sans l'autre. La vie consiste dès lors à se mettre en quête du partenaire idéal avec qui former un tout.

Au contraire, la philosophie zen nous enseigne que nous sommes tous intrinsèquement complets tels que nous sommes. Il suffit simplement de prendre conscience de cette réalité. « Vous possédez votre propre coffre au trésor, affirme le maître zen Baso (709-788).

Pourquoi cherchez-vous à l'extérieur ?» Dans cette perspective, l'acte sexuel est moins l'union de deux moitiés cherchant à se compléter que de deux êtres entiers formant un tout encore plus grand.

Ryo bo

La voie de l'union nous invite à prendre individuellement conscience de notre intégralité, à la fusionner avec le tout universel, puis à laisser ce lien se désagréger. Tout dans cet univers est uni à la source, enseignent les maîtres zen ; il n'existe essentiellement aucune séparation entre vous et moi, la matière et l'espace, le ciel et la terre. Apprenez par conséquent à transcender la dualité des choses, suggère l'expression *ryo bo,* qui signifie littéralement : « oubliez-vous dans l'amour ».

Mais les maîtres zen nous suggèrent par ailleurs – selon leur coutume de manier les paradoxes – de nous délecter de la diversité qui s'offre à nous. Savourez le fait qu'il y ait plus d'un type de rapport possible avec les autres, plus d'une sorte d'amour, plus d'une manière d'aimer quelqu'un. Rappelez-vous simplement que toutes les formes d'amour proviennent de la même source. « Les manifestations de l'Un sont multiples, nous apprend-on, et les Multiples ont la même essence. »

La voie de l'union consiste à laisser ce principe d'unité se manifester dans nos ébats amoureux aussi bien que dans tout ce que nous entreprenons. Lorsque deux amants font l'amour en suivant ce principe, ils créent un tout plus grand que la somme de ses parties. Un élément transcendant se dévoile à nos yeux et nous prenons alors conscience de l'intelligence divine qui s'exprime à travers nous. Lorsque nous avons compris cela, chacune de nos activités s'imprègne de cette perception et les différents moments de notre vie qui étaient jusque-là épars commencent à former un tout indissociable. Ikkyu exprime la chose en ces termes :

Pour nous, il n'existe aucune différence entre lire, manger, chanter,
Faire l'amour ou faire toute autre chose.

Trop souvent nous sommes désynchronisés par rapport à nous-mêmes : notre intellect, notre corps et notre esprit vont chacun dans des directions différentes. La philosophie zen nous invite à nous harmoniser avec ce qui est à l'intérieur aussi bien qu'à l'extérieur de nous et à ne faire plus qu'un avec le tout. Pénétrez profondément en vous, nous exhortent les maîtres zen, et trouvez ce point d'unité vers lequel tous vos sens convergent. « Pour avoir la compréhension intime des choses, enseigne Mumon, il faut être en mesure de voir les sons. »

Tel est l'état d'esprit du nouveau-né. Si vous faites l'amour avec la même attitude, la sexualité devient sensation pure : les caresses, le goût et les cris de l'être aimé ne sont plus qu'une seule et même chose. Nous ne faisons plus qu'un avec nous-même, avec notre partenaire et avec l'énergie cosmique. Ikkyu affirme à cet égard :

Tu ne peux pas être autre chose que toi-même,
Tu es par conséquent cet autre toi-même que tu aimes.

Laissons la voie de l'union nous rappeler le lien inextricable qui existe entre nous et l'Autre. Malgré les préjugés, la haine, les désunions et les divisions, nous sommes tous nés de la même Mère universelle et nous portons tous un même nom ineffable.

Amants du monde entier, unissez-vous !

l a v o i e d e l ' é r o t i s m e z e n

Lorsque vous aurez fini de faire l'amour,

restez unis l'un dans l'autre quelque temps encore.

Au moment de vous séparer, continuez de faire un avec le tout.

la voie de l'abandon

Dans ta chambre, l'émotion suscitée par un déluge
de poèmes est palpable.
Au milieu des fleurs nous chantons et dansons, extasiés,
Folâtrant comme des canards mandarins :
Nos ébats amoureux nous transportent vers des sommets inégalés.
Ikkyu

Tension et relâchement : ces deux principes yin-yang sous-tendent toute forme d'art dramatique. L'art de faire l'amour n'échappe pas à cette règle. Servez-vous par conséquent du yin et du yang et faites monter la tension sexuelle jusqu'à son paroxysme. Le moment venu, *laissez-vous aller.*

L'acte sexuel réussi est pur abandon : il résulte de l'émancipation de toute forme de gêne ou d'inhibition, il implique de céder à la passion du moment. Selon la philosophie zen, il est indispensable de renoncer à toute forme d'attachement : l'ego, le moi, le corps, les biens, le monde et la vie elle-même. L'orgasme représente symboliquement le renoncement par excellence : c'est l'instant suprême où les deux amants s'abandonnent l'un à l'autre et font l'expérience du divin. La voie de l'abandon permet d'aller à la rencontre de notre dieu intérieur et de prendre conscience à la fois de notre condition de mortels et de notre immortalité.

Renoncez à toute idée préconçue concernant l'orgasme. Il ne s'agit pas d'un but à atteindre. Les disciples qui méditent dans l'espoir de parvenir à la transcendance découvrent bientôt que le fait même de se polariser sur cette idée les empêche de parvenir à cet état. C'est un peu comme se mettre en quête du bonheur. Or, le bonheur n'est pas une fin en soi : c'est le sous-produit d'une vie bien remplie. Seule la démarche – la voie – compte réellement. « L'illumination est dans l'entraînement », affirment les maîtres zen. Les résultats se produisent d'eux-mêmes. Contentez-vous d'agir et de laisser les choses advenir.

On appelle l'orgasme « la petite mort ». Non sans raison, car chaque fois que l'on s'abandonne au plaisir sexuel, on parvient à la frontière qui sépare la vie de la mort. Dans tout acte sexuel, nous mourons de manière implicite dans la mesure où nous nous rapprochons de l'heure de notre mort ; mais nous renaissons par la même occasion, puisque la possibilité de procréer aussi bien que de parvenir à l'illumination existe à cet instant même. Ikkyu a écrit à cet égard :

Les disciples de Rinzai n'ont pas saisi le message zen,
Mais moi, l'âne aveugle, je connais la vérité :
Les jeux de l'amour rendent immortel.

Le chemin de l'immortalité passe par l'abandon ou, pour employer le jargon zen, par la démarche qui consiste à « se vider ». Comme le préconisent les maîtres zen, videz votre tasse, entièrement. Ne vous accrochez à rien. Les enseignements zen abondent en exhortations à lâcher prise. Voici à ce sujet une anecdote célèbre mettant aux prises le maître Tanzan et son disciple Ekido.

Un jour où il pleuvait, les deux hommes rencontrèrent une jolie femme qui cherchait à traverser une route passablement boueuse. « Permettez-moi », fit Tanzan. Et sans hésiter il prit la femme dans ses bras et la déposa de l'autre côté du chemin.

Ekido se mit aussitôt à broyer du noir. Ce soir-là, il vint trouver son maître. « En tant que moines, nous avons fait vœu de chasteté, dit-il. Nous ne sommes pas censés toucher les personnes du sexe opposé. Qu'est-ce qui vous a pris de porter cette femme !? »

« J'ai abandonné cette femme sur le bord de la route, répondit Tanzan. L'aurais-tu emportée avec toi ? »

Dans l'esprit de Tanzan, Ekido avait oublié à maints égards de lâcher prise. Il avait pris au pied de la lettre les préceptes déterminant sa condition : au lieu de les laisser le guider, il était devenu leur prisonnier. La vue de cette belle femme avait obnubilé son esprit, au point qu'il lui était impossible de se défaire de la colère qu'il éprouvait à l'égard de son maître. Tanzan, quant à lui, avait agi avec simplicité et naturel, laissant la vie suivre son cours. Une femme en difficulté avait croisé sa route et il lui avait rendu service. Après l'avoir déposée, il avait poursuivi son chemin. Tout comme Ikkyu le Nuage Fou, Tanzan a choisi de transgresser les règles en vigueur pour mieux rester fidèle à leur esprit. Il n'ignorait pas quand et comment jeter du lest.

Tant de gens s'accrochent à des choses qui les empêchent d'avancer : un travail monotone, un amour non partagé, leur vie de célibataire, un rêve impossible, etc. Au lieu d'aller de l'avant, ils s'y agrippent comme s'il s'agissait d'autant de trésors inestimables. Le maître Zengetsu a écrit: «La voie de tout disciple sincère consiste à vivre dans le monde sans pour autant laisser la poussière du monde retomber sur lui.»

Voilà qui est plus facile à dire qu'à faire, même lorsqu'on a atteint les sommets les plus élevés dans la pratique du zen. Vers la fin de sa vie, Ikkyu est forcé d'admettre que son appétit sexuel ne lui laisse aucun répit:

Il m'est trop pénible de cesser de remarquer la présence du beau sexe;
Même si mes cheveux sont blancs comme neige, le désir continue de s'exprimer à travers mon corps.
Je ne puis arracher toutes les mauvaises herbes qui poussent dans mon jardin.

Et pourtant, les enseignements zen mettent en garde même les maîtres qui se cramponnent à leurs idées. Le dialogue suivant entre maître Mu-nan (1602-1676) et son disciple Shoju (1642-1721) permet de comprendre à quel point il est important de continuer à pratiquer le zen jusqu'aux derniers instants de sa vie:

Sur son lit de mort, Mu-nan fait venir Shoju près de lui. «Voici un livre, dit-il à son disciple, qui a été transmis de maître en maître depuis sept générations. J'y ai ajouté quelques commentaires personnels liés à ma compréhension des choses. Ce livre est précieux, et je te le remets en guise d'héritage.

— Mais, si ce livre est si important, vous devriez le garder», répondit Shoju. Le maître insista et le mit entre les mains de Shoju.

Ce dernier prit le livre et le déposa sur les charbons ardents du brasero qui était au milieu de la pièce.

«Que fais-tu là!» vociféra Mu-nan.

— Que dites-vous là!» rétorqua Shoju.

Comme le dit si bien l'adage zen, quand l'élève est prêt, le maître apparaît. Dans le cas présent, Shoju fait la leçon à son maître. Il l'invite à lâcher prise. Rien de ce qui est matériel ne dure éternellement: pas plus un livre que le corps humain.

Chaque «petite mort» qui survient au moment de l'orgasme nous enseigne également, de façon implicite, que la vie est éphémère. Le point culminant de la vie survient au moment de la mort. La voie de l'abandon nous rappelle l'importance de lâcher prise, non seulement au cours de l'acte sexuel, mais tout au long de notre vie également. Faites le vide en vous détachant de tout ce qui existe et la source de tout votre être – l'Amour absolu, inextinguible et incommensurable – saura vous remplir.

Setsu getsu ka

Un poème zen exprime en trois mots – trois métaphores empruntées à la nature – la voie de l'abandon. Il dit simplement: *Setsu getsu ka,* c'est-à-dire «Neige, lune, fleur». La neige symbolise l'hiver, la saison du déclin, c'est-à-dire la «petite mort» qui survient au moment de l'orgasme sexuel.

La lune représente le cycle menstruel de la femme et la fertilité. La fleur évoque le printemps, la saison du renouveau. C'est tout le cycle de la vie et de l'amour qui est décrit par ces trois mots.

Le moment venu, la fleur se fanera et tombera au sol à son tour.

Telle est la voie de l'abandon.

la voie de l'érotisme zen

Au moment de l'orgasme, relâchez toute tension sexuelle.

Où cette énergie s'envole-t-elle ?

Laissez-vous entraîner par elle.

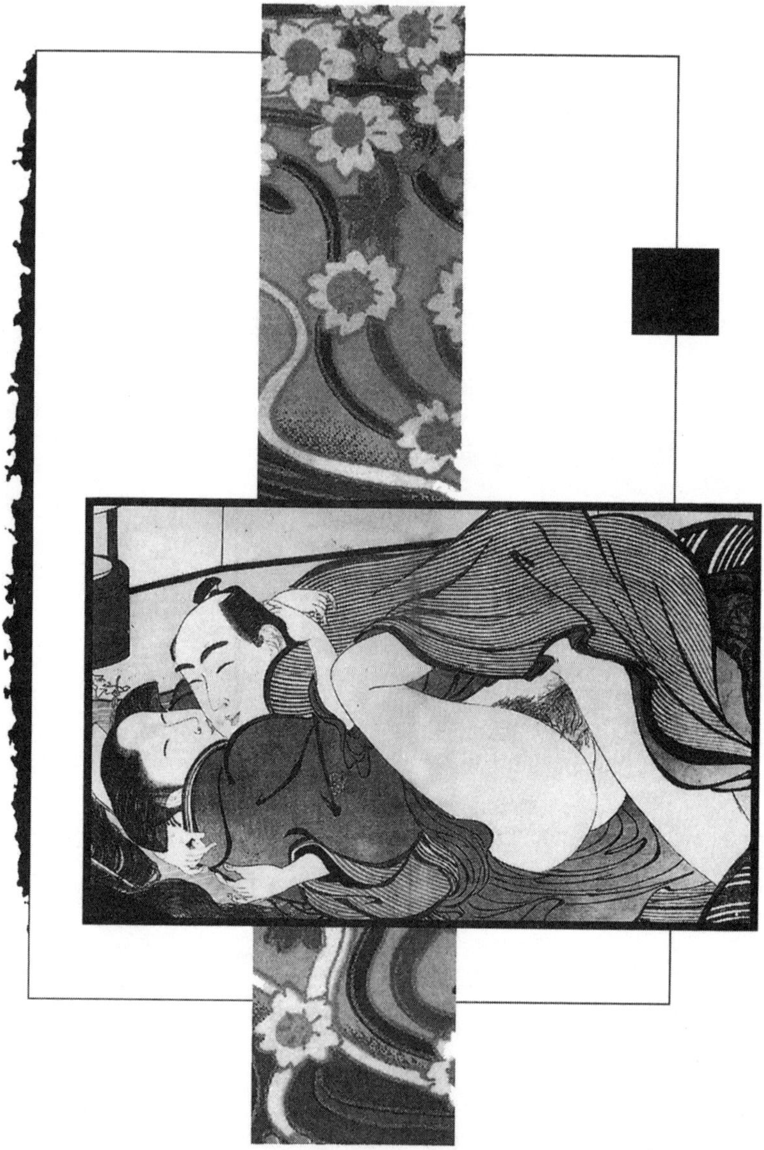

la voie de la création

L'acte d'amour entre le père et la mère engendre l'étincelle de vie.
Ikkyu

Selon un dicton japonais, « l'image de Bouddha existe, mais l'esprit ne l'a pas encore pénétrée ». Il faut qu'un ingrédient spirituel entre dans la composition des choses : le *kokoro ire,* ou « contribution du cœur ». Nous pouvons réaliser une sculpture, confectionner une table et des chaises, construire une automobile, gagner de l'argent ou composer de la musique. Mais est-ce que nous nous investissons dans ce que nous faisons ? Quel que soit ce que nous avons l'intention de créer, nous devrions le faire le mieux possible. Sinon, cela ne présente aucun intérêt.

La voie de la création consiste à faire l'amour.

Qu'y a-t-il de plus important à faire sur terre ? Imprégnez-vous de l'esprit de Bouddha, de l'intelligence divine, lorsque vous faites l'amour à votre partenaire. Le point culminant de l'acte sexuel devient réellement transcendant lorsque le pouvoir supérieur de l'amour, cette *force vitale,* se manifeste à travers nous et que nous parvenons à nous absorber en elle.

La sexualité nous relie à la chaîne ininterrompue de la création. Nos parents nous ont engendrés. Nous sommes leur création et, à notre tour, nous engendrons la prochaine génération de créateurs. Que nous procréions ou non par la même occasion importe peu: l'acte sexuel suffit à nous rattacher à ce processus créatif. Ce qu'Ikkyu exprime en ces termes:

Le cordon rouge de la passion se déploie à l'infini,
De même que la terre perpétuellement s'étale sous mes pieds.

Au cours de vos ébats, *faites* l'amour, c'est-à-dire engendrez de l'amour et manifestez-le autour de vous. Agissez ainsi et l'amour s'étendra de génération en génération. Concevoir un enfant reste la manière la plus sûre d'y parvenir. Le nombre d'avortements ou d'enfants non désirés est effarant à l'heure actuelle. D'où l'importance d'être conscient au moment de faire l'amour et, éventuellement, de procréer. Quel est l'esprit qui anime le spermatozoïde au moment où il est libéré? l'esprit qui anime l'ovule? Faites en sorte que l'esprit de Bouddha, que l'intelligence divine soit en vous, comme si vous aviez l'intention de concevoir un petit Bouddha et de mettre au monde une nouvelle intelligence divine. Ikkyu, qui a engendré un enfant de l'amour en compagnie de Lady Mori, a écrit au sujet de sa fille nouveau-née:

Elle est une perle précieuse au milieu des splendeurs,
Une petite princesse dans ce triste monde.

Elle est le résultat attendu de l'amour véritable :
Même un maître zen n'a pas son égal !

Concevoir un enfant n'est toutefois pas la seule façon de faire naître l'amour dans le monde. Quantité d'amants n'auront jamais d'enfants, ce qui n'empêche pas leur souffle divin de se transmettre d'une génération à une autre. Les maîtres zen sont d'avis qu'il est possible, même après sa mort, de donner l'impression de *nyo zai,* c'est-à-dire de « continuer à manifester sa présence ».

Les personnes qui ont eu une grande influence sur notre vie – nos parents, les membres de notre famille, nos amis, nos éducateurs et même certains étrangers – continuent de vivre en nous même après leur disparition. Ils restent donc « présents » parmi nous. Leurs enseignements restent aussi vivaces, les sacrifices qu'ils ont consentis n'ont pas été vains parce que notre contribution personnelle a également son utilité. Les grands maîtres zen, même s'ils ont cessé leur existence terrestre voilà des siècles, continuent de vivre et de nous exhorter, par leurs enseignements, à aller de l'avant.

Nyo zai

La voie de la création nous permet de prendre conscience de l'amour qui nous a été transmis par les générations passées et de l'amour – cette étincelle créatrice qui se consume au plus profond de nous – que nous transmettons à notre tour aux générations à venir. C'est ainsi que l'énergie déployée lors de l'acte sexuel continue de rayonner sur le monde environnant. Cette énergie est absorbée par les gens qui nous entourent, qui à leur tour la répandent autour d'eux, de sorte que toute l'humanité en profite. Chaque séance amoureuse a le pouvoir de toucher de sa grâce des milliers de personnes. Lorsque Lady Mori caresse Ikkyu, le maître en ressent un tel bien-être que même ses disciples en bénéficient :

J'aime la liberté avec laquelle elle me raffermit quand je ne vais pas bien :
Ses doigts, ses lèvres explorent mon corps tout entier et comblent mes fleurs de joie.

L'amour engendre l'amour. Telle est la voie de la création. Comme Lady Mori, faites l'amour du mieux que vous pouvez, non pas avec effort, mais en toute *liberté.* Soyez l'instrument qui donne forme à l'énergie informe. Sentez cette énergie couler à travers vous en direction de ceux qui vous entourent, de sorte qu'il leur soit loisible de la rediriger ensuite vers les autres.

Lorsque l'acte d'amour engendre encore plus d'amour, cela n'est pas sans rappeler la grande leçon que Bouddha avait servie à ses disciples qu'il avait fait réunir dans le but de leur adresser la parole : sans mot dire, il se contenta de cueillir une fleur sous leurs yeux ébahis. De tous les disciples présents, seul Kasyapa se mit à sourire, indiquant par là qu'il avait compris le message de son maître : la vérité cosmique est accessible à tous.

Nous pouvons découvrir cette vérité dans tout ce qui nous entoure : une fleur, le croassement d'une corneille ou une nuit d'amour passionné. Les beautés de la création foisonnent autour de nous. Aucun mot ne saurait décrire l'impression qu'elles créent sur nous ; aucun tableau ne saurait en restituer la magnificence. Il n'y a rien à dire, comme Bouddha a cherché à le faire comprendre à ses disciples en faisant tournoyer une fleur entre ses doigts.

Contentez-vous de faire l'amour et de guetter le sourire de votre partenaire.

la voie de l'érotisme zen

Souvenez-vous de ceux qui vous ont engendrés,
de ceux qui les ont précédés
et de ceux qui étaient là avant eux.

Vos ancêtres vivent à travers vous,
et cela, depuis les débuts de la Création.

À travers qui vivrez-vous
dans les siècles à venir ?

z

s e x e

n

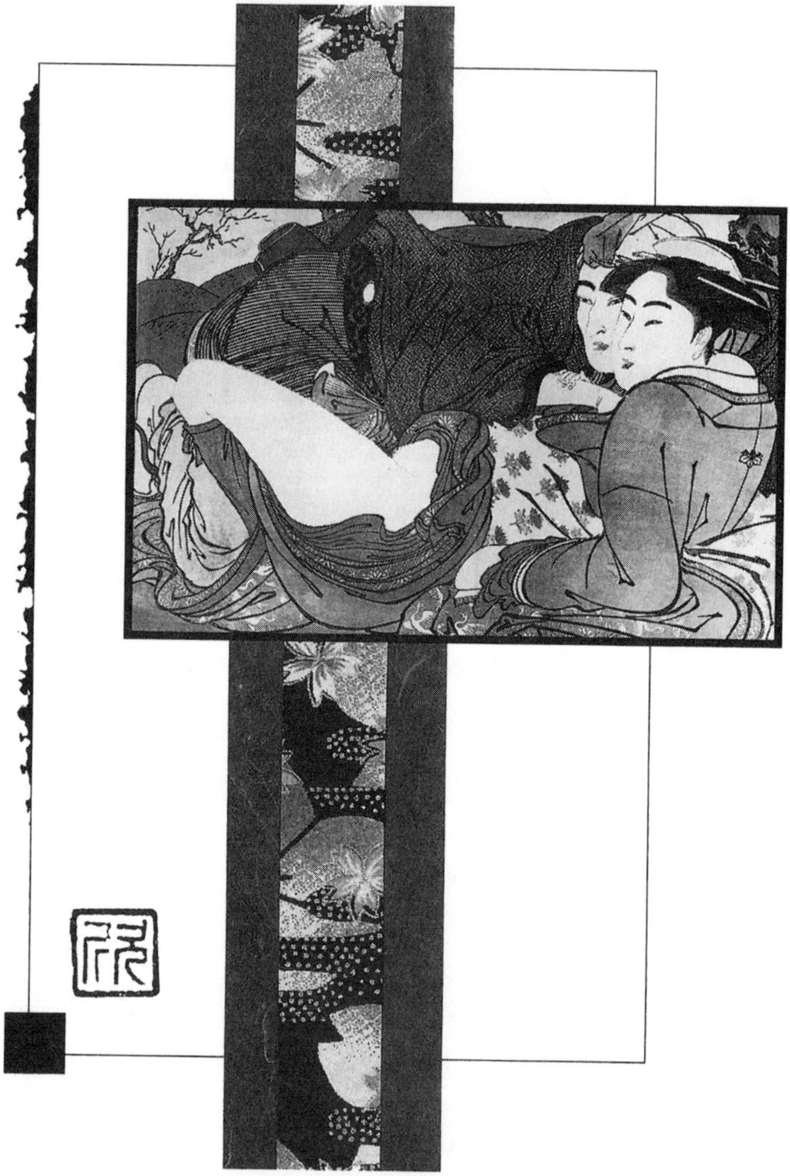

la voie des naissances et renaissances

Avant qu'il y ait naissance après naissance,
Il y a où vous êtes maintenant.
Ikkyu

Les poètes asiatiques qui utilisent l'euphémisme « nuage-pluie » pour décrire l'acte sexuel n'ignorent pas que cette image représente le cycle des naissances et des renaissances. Les nuages se délestent de leurs gouttelettes de pluie, qui vont ravitailler les cours d'eau et les océans ; cette eau s'évapore et forme de nouveaux nuages, qui à leur tour donnent la pluie. Telle est la voie des naissances et renaissances.

En jouant à faire « nuage-pluie » avec notre partenaire, nous nous nourrissons l'un l'autre, nous inondons le monde de notre amour et nous contribuons à notre renaissance spirituelle. Nous parvenons ainsi à l'endroit où, selon les maîtres, il n'y a « ni allée ni venue », ou encore « ni naissance ni mort ». La sexualité devient alors un moyen de transcender la mort. Ikkyu exprime la chose ainsi :

C'est logique : si vous n'allez nulle part,
La route que vous empruntez, quelle qu'elle soit, est forcément la bonne.

Au cours de l'acte sexuel, il n'y a nulle part où aller, si ce n'est ici et maintenant. Il suffit de se concentrer, sans égoïsme ni arrière-pensée, sur ce qui se passe en compagnie de notre partenaire. *Je dédie chacun des pores de ma peau à l'instant présent,* avance Ikkyu. Les effets spirituels d'une telle séance amoureuse vont se faire sentir bien après notre mort.

Un des enseignements classiques du zen, le *Jugyu-Zu* ou « Dix scènes de rassemblements de taureaux », décrit on ne peut mieux la voie des naissances et renaissances. L'origine de ces représentations remonte à des siècles en arrière, mais elles nous sont principalement connues grâce à la transposition qu'en fit maître Kakuan, qui vécut au XIIe siècle de notre ère.

Kakuan était d'avis qu'il ne suffisait pas à ses disciples d'atteindre l'éveil : il leur fallait aussi apprendre à vivre dans cet état. Il leur conseillait donc deux choses, une fois qu'ils étaient parvenus à l'illumination : voir la beauté intrinsèque de toute chose et se mêler à la population afin de contribuer à l'éveil de tous. Si on le rapporte à l'érotisme zen, ce principe implique de voir la divinité qui se trouve en chaque partenaire : faire l'amour ne consiste donc pas à se servir de l'autre pour satisfaire ses besoins, mais plutôt à s'unir spirituellement à lui. Il convient dès lors de procéder de manière à procurer de la joie aux autres, cette allégresse leur permettant ensuite de rayonner autour d'eux.

Pour Kakuan, il est important de « retourner à la source » aussitôt que l'on est parvenu à l'illumination. Il exprime la chose en ces termes :

> *Une fois le retour aux origines ou à la source effectué, le cycle est complété.*
> *Rien de tel que de devenir soudain aussi aveugle que sourd.*
> *Dans ce monastère, plus de regard sur le monde extérieur.*
> *Sans entraves, la rivière coule comme bon lui semble. Rouges éclosent les fleurs à leur guise.*

En écrivant « Dans ce monastère, plus de regard sur le monde extérieur », Kakuan signale qu'une personne éveillée arrive à se couper de son environnement pour tourner ses regards vers l'intérieur, c'est-à-dire pour observer ce qu'il y a au plus profond de son être. Or, nous avons tous vécu cette expérience au moins une fois dans notre vie : lorsque nous étions dans le sein de notre mère. Atteindre l'illumination au moyen de l'acte sexuel équivaut à revenir à cet état embryonnaire, à remonter aux origines de la vie. Quiconque y parvient constate alors que « sans entraves, la rivière coule comme bon lui semble » et que « rouges éclosent les fleurs à leur guise ». Tout est en ordre : les cours d'eau continuent de couler, les fleurs s'épanouissent de nouveau et la beauté inhérente à chaque être et à chaque chose irradie tout autour de nous. Même l'acte sexuel se transforme en quelque chose de spirituel.

La manière la plus sublime de manifester l'état d'éveil consiste, selon Kakuan, à vivre dans le monde. Il décrit comme suit un être illuminé qui se mêle à la population et dont « les mains procurent de la joie » autour de lui :

Pieds et torse nus, il arrive au marché,
Le visage maculé de poussière et la tête recouverte de cendres,
Mais un large sourire aux lèvres.
Sans même se donner la peine de faire un miracle, il redonne soudain vie aux arbres morts.

De qui s'agit-il ?

De vous ! De nous tous – du moins nous avons tous été cet être extraordinaire au moment de notre naissance.

Sans même se donner la peine de faire un miracle, il produit néanmoins un miracle. Or, qu'est-ce qu'un nouveau-né sinon un miracle au quotidien ? *Le visage maculé de poussière et la tête recouverte de cendres,* nous sommes un esprit qui s'incarne, nos corps mortels nous rappelant que la cendre et la poussière que nous sommes redeviendront cendre et poussière.

Pour survivre, les bébés naissants ont besoin d'amour et d'attention. Mais tous n'y ont pas droit. En grandissant et en assumant leurs responsabilités d'adultes, d'autres encore perdent leur capacité d'émerveillement et cessent d'avoir « un large sourire aux lèvres ». Mais nous pouvons tous redevenir des enfants, nous pouvons tous renaître par la voie d'une sexualité plus spirituelle. Quel que soit le poids de notre passé, nous pouvons choisir de nous renouveler. Et c'est ce choix qui constitue la clé de notre renaissance.

La voie des naissances et renaissances nous permet de dispenser de la joie autour de nous chaque fois que nous faisons l'amour.

Chaque nuit d'amour passionné constitue une occasion d'élever le niveau spirituel de l'humanité. Si un enfant est conçu à ce moment, celui-ci devient la manifestation de l'amour que nous éprouvons pour l'humanité. Ne vous coupez pas du monde pour vous cloîtrer dans votre monastère. Ne vous dissimulez pas dans votre chambre à coucher, blotti contre votre partenaire. Faites l'amour, puis exhibez cet amour autour de vous afin qu'il engendre encore plus d'amour. Votre naissance et votre renaissance en dépendent.

Si nous parvenons à transmettre cette conception de l'amour aux générations futures, nous aurons rempli notre mission. Faisons en sorte de léguer cet héritage à nos enfants et à leurs enfants, de sorte que, longtemps après notre disparition, ceux qui ne nous auront pas connus auront cette impression de *nyo zai* qui fera que nous serons toujours présents parmi eux.

Il n'en tient qu'à *vous!*

la voie de l'érotisme zen

D'un ovule et d'un spermatozoïde microscopiques
Vous êtes le fruit :
Un être auquel on a donné un nom,
Un être qu'on a nourri
Et à qui on a donné une éducation,
Un être complexe capable
De lire ces mots
En ce moment même.

Dorénavant,
Faites l'Amour
Tel un être nouveau.

z

s e x e

n

la voie de l'amour charnel

Remontez à la source.

Dénudez-vous :
Le Créateur
Et le Créé.

Un même spermatozoïde,
Un même ovule.

Un même esprit,
Un même sexe.

Délectez-vous de votre corps,
Palpez votre épiderme,
Caressez-vous l'un l'autre en toute liberté,
Vivez votre amour.

Suivez votre envie jusqu'à la source,
Servez-vous de votre imagination,
Portez les vêtements que votre partenaire aime,
Faites jouer votre mélodie préférée,
Laissez-vous porter par l'ambiance ainsi créée
Et laissez-la se refléter dans votre regard.

Ouvrez la porte
De votre chambre
Sur ce qui vous attend derrière.

Invitez votre bien-aimé(e) à pénétrer
Et laissez-vous prendre.

Détendez-vous malgré l'excitation,
Oubliez la technique,
Prenez votre temps
Et, sans vous inquiéter,
Laissez l'amour triompher.

Donnez sans idée de recevoir,
Faites-le par désir,
En y mettant toute votre âme et tout votre cœur.

Enseignez un nouveau mode de jouissance,
Signalez vos intentions,
Faites part de vos désirs.
Ne vous contentez pas d'essayer, agissez.

Servez-vous de votre bouche
Dans tous les recoins, de toutes les manières.
Goûtez les saveurs,
Respirez profondément,
Remplissez l'air de vos cris, de vos soupirs et de vos gémissements.

Modulez votre rythme,
Ajustez votre rythme intérieur au rythme extérieur,
Allez en profondeur,
Laissez-vous aller.

Folâtrez au lit. Faites des galipettes.
Jouez et riez.

Soyez un miroir parfait :
Reflétez la lumière intérieure.

Sous le soleil,
Sous la lune,
Prenez l'initiative.

Plongez votre regard dans celui de l'être aimé :
Imaginez-vous,
Flottant
Tel un nuage
Chargé de pluie.

Faites l'amour
Ici,
Maintenant,
En tout lieu :
Une occasion, une rencontre.

Recommencez,

Encore

Et encore.

Plongez ensemble dans une béate torpeur,
Rêvant le rêve du rêveur qui rêve.

C'est votre anniversaire !

Éveillez-vous !

À propos des illustrations

Les dessins reproduits dans ce livre sont autant d'aperçus du mode d'expression artistique connu sous le nom de *shunga,* c'est-à-dire « images printanières », qui s'est répandu au Japon dès le début du XVIIe et jusqu'à la fin du XIXe siècle. Les *shunga* servaient à illustrer les romans d'amour, on les retrouvait sous forme d'affiches dans les lieux de plaisirs et les jeunes épouses et nouveaux mariés voyaient en eux de précieux guides pratiques.

La galerie Ronin, de New York, qui se spécialise dans la vente d'œuvres d'art japonaises, nous a gracieusement prêté la plupart de ces reproductions en précisant que « pour ainsi dire, tous les grands maîtres de cette époque estimaient que la production de *shunga* de qualité contribuait à leur renommée et était indispensable à leur développement sur le plan artistique ». Parmi eux figuraient Kitagawa Utamaro (1753-1808), Katsushika Hokusai (1760-1849) et Kikugawa Eizan (1787-1867). À leurs yeux, poursuit le commentaire, « la sexualité humaine constituait le point culminant de tous les cycles biologiques et ils se sont appliqués à en décrire les particularités avec la même précision et la même tendresse que s'il s'était agi de tout autre aspect du monde naturel ».

Pour en savoir plus long sur l'histoire des *shunga,* consultez le site Internet de la galerie Ronin : www.japancollection.com, ou écrivez à l'adresse postale suivante : Ronin Gallery, 605, Madison Avenue, New York, NY 10022, U.S.A. Ou encore, utilisez l'adresse électronique suivante : ronin@japancollection.com.

Illustrations

Couverture : Artiste anonyme, vers 1930, propriété de l'auteur.

P. viii : Kitagawa Utamaro, vers 1788. Victoria and Albert Museum, Londres, Angleterre / Art Resource, New York.

P. x : Artiste anonyme de la période Meiji, vers 1890. Ronin Gallery, New York.

P. 10 : Attribué à Kikugawa Eizan, vers 1820. Ronin Gallery, New York.

P. 12 : Attribué à Katsushika Hokusai, vers 1820. Ronin Gallery, New York.

P. 24 : Isoda Koryusai, vers 1770. Victoria and Albert Museum, Londres, Angleterre / Art Resource, New York.

P. 32 : Artiste anonyme de la période Meiji, vers 1890. Ronin Gallery, New York.

P. 40 : Attribué à Eizan, vers 1820. Ronin Gallery, New York.

P. 48 : Attribué à Utamaro, vers 1795. Ronin Gallery, New York.

P. 56 : Suzuki Harunobu, vers 1765. Art Resource, New York.

P. 64 : Artiste anonyme, vers 1930, propriété de l'auteur.

P. 72 : Artiste anonyme, vers 1930, propriété de l'auteur.

P. 74 : Attribué à Hokusai, vers 1820. Ronin Gallery, New York.

P. 82 : Attribué à Harunobu, vers 1765. Ronin Gallery, New York.

P. 92 : Attribué à Koryusai, vers 1770. Ronin Gallery, New York.

P. 98 : Artiste anonyme de la période Meiji, vers 1900. Ronin Gallery, New York.

P. 104 : Attribué à Eizan, vers 1820. Ronin Gallery, New York.

P. 112 : Artiste anonyme, vers 1930, propriété de l'auteur.

P. 120 : Artiste anonyme de la période Meiji, vers 1890. Ronin Gallery, New York.

P. 126 : Attribué à Torii Kiyonage, vers 1780. Ronin Gallery, New York.

P. 128 : Artiste anonyme, vers 1930, propriété de l'auteur.

P. 138 : Attribué à Katsukawa Shuncho, vers 1790. Ronin Gallery, New York.

P. 146 : Attribué à Hokusai, vers 1820. Ronin Gallery, New York.

P. 152 : Attribué à Eizan, vers 1820. Ronin Gallery, New York.

P. 158 : Artiste anonyme de la période Meiji, vers 1900. Ronin Gallery, New York.

P. 166 : Utamaro, vers 1788. Victoria and Albert Museum, Londres, Angleterre / Art Resource, New York.

P. 174 : Utamaro, vers 1788. Victoria and Albert Museum, Londres, Angleterre / Art Resource, New York.

P. 182 : Artiste anonyme, vers 1930, propriété de l'auteur.

À propos des sources

Les poèmes d'Ikkyu reproduits dans ce livre proviennent essentiellement de deux traductions anglaises admirables* : celle de Stephen Berg, *Crow With No Mouth : Ikkyu, 15th Century Zen Master [La corneille sans bec : Ikkyu, maître zen du XVe siècle]*, Copper Canyon Press, et celle de John Stevens, *Wild Ways : Zen Poems of Ikkyu [Voies singulières : la poésie zen de maître Ikkyu]*, Shambhala.

Les commentaires sur Ikkyu et son époque proviennent en grande partie de l'ouvrage de Jon Etta Hastings Carter Covell, *Unravelling Zen's Red Thread : Ikkyu's Controversial Way [Le cordon rouge dénoué : la voie controversée empruntée par le maître zen Ikkyu]*, Hollym International. Ce livre malheureusement épuisé est une véritable mine d'érudition. Certains éléments d'ordre biographique relatifs à Ikkyu ont par ailleurs été tirés de John Stevens, *Zen Masters : A Maverick, a Master of Masters, and a Wandering Poet [Les maîtres zen : un nonconformiste, maître parmi les maîtres et poète ambulant]*, Kodansha International.

Parmi les multiples versions qui existent du *Taote king*, j'ai choisi celle de Ray Grigg, *The New Lao Tzu [Le nouveau Laotseu]*, publiée chez Charles E. Tuttle, parce qu'elle est la plus « zen » et la mieux adaptée à notre époque.

On trouvera la liste des fantasmes sexuels les plus courants sur le site suivant : http://www.sexuality.org. Il s'agit d'un site particulièrement bien documenté pour tout ce qui touche à la sexualité humaine.

Les différents ouvrages indispensables à la rédaction de ce livre sont mentionnés à la section suivante intitulée Bibliographie sélective. Il convient toutefois de mentionner ici deux classiques en leur genre : Paul Reps, *Zen Flesh, Zen Bones [Le zen en chair et en os]*, Anchor, qui renferme un véritable trésor en termes d'anecdotes d'inspiration zen ; et Soshitsu Sen XV, *Tea Life, Tea Mind [Le thé : son histoire et son âme]*, Weatherhill, ouvrage portant sur les relations humaines maintenant épuisé.

Pour de plus amples renseignements, consulter le site suivant : www.zensex.org

Bibliographie sélective

Berg, Stephen, *Crow With No Mouth: Ikkyu, 15th Century Zen Master,* Port Townsend, WA, Copper Canyon Press, 1989.

Campbell, Joseph et Bill Moyers, *The Power of Myth,* New York, Doubleday, 1988.

Chopra, Deepak, dir., *The Love Poems of Rumi,* traduit par Deepak Chopra et Fereydoun Kia, New York, Harmony, 1998.

Cleary, Thomas, trad., *The Ecstasy of Enlightenment,* York Beach, ME, Samuel Weiser, 1998.

Deng MingDao, *365 Tao,* San Francisco, Harper San Francisco, 1992.

Faure, Bernard, *The Red Thread: Buddhist Approaches to Sexuality,* Princeton, NJ, Princeton University Press, 1998.

Fields, Rick et Brian Cutillo, trad., *The Turquoise Bee: The Lovesongs of the Sixth Dalai Lama,* San Francisco, Harper San Francisco, 1994.

Franck, Frederick, *Zen Seeing, Zen Drawing: Meditation in Action,* New York, Bantam Books, 1993.

Gibran, Khalil, *Le Prophète,* traduit par Jean-Pierre Dahdah, Éditions du Rocher, 1993.

Grigg, Ray, *The New Lao Tzu,* Rutland, VT, Charles E. Tuttle, 1995.

Miners, Scott, dir., *A Spiritual Approach to Male/Female Relations,* Wheaton, IL, Quest/Theosophical Publishing, 1984.

Musashi, Miyamoto, *The Book of Five Rings,* traduit par Nihon Services Corp., New York, Bantam Books, 1982.

Myokyoni, le Vénérable, Gentling the Bull : *The Ten Bull Pictures, A Spiritual Journey,* Boston, Charles E. Tuttle, 1988.

Osbon, Diane K., dir., *A Joseph Campbell Companion : Reflections on the Art of Living,* New York, Harper-Perennial, 1991.

Reps, Paul, *Zen Flesh, Zen Bones,* New York, Anchor Books, 1961.

Sedika, Katsuki, *Two Zen Classics,* New York, Weatherhill, 1977.

The Shambhala Dictionary of Buddhism and Zen, Boston, Shambhala, 1991.

Shigematsu, Soiku, trad., *A Zen Forest : Sayings of the Masters,* New York, Weatherhill, 1981.

Shimano, Eido Tai et Kogetsu Tani, *Zen Word, Zen Calligraphy,* Boston, Shambhala, 1990.

Soshitsu Sen XV, *Tea Life, Tea Mind,* New York, Weatherhill, 1979.

Stevens, John, *Zen Masters : A Maverick, a Master of Masters, and a Wandering Poet,* Tokyo, Kodansha International, 1999.

Stevens, John, dir. et trad., *Wild Ways : Zen Poems of Ikkyu,* Boston, Shambhala, 1995.

Sudo, Philip Toshio, *Zen Computer : Mindfulness and the Machine,* New York, Simon & Schuster, 1999.

Sudo, Philip Toshio, *Zen Guitar,* New York, Simon & Schuster, 1997.

Sun Tzu, *The Art of War,* traduit par Samuel B. Griffith, Oxford, Oxford University Press, 1963.

Remerciements

Mes remerciements les plus affectueux :

À mon père et à ma mère, pour avoir fait l'amour et m'avoir donné la vie ;

À mes frères Rich et Paul, nés de ce même amour ;

À mes ancêtres, qui m'ont façonné et continuent de vivre à travers moi sans que je sache trop de quelle manière ;

À mes amis et confrères Herbert Buchsbaum et Steven Manning, pour avoir, chacun à sa manière, fait naître en moi l'idée de ce livre ;

À mon amour d'agent, Laurie Fox, qui a le don de transformer les rêves en réalité ;

À Doug Abrams, pour avoir vu à quoi ressemblait ce livre et m'avoir aidé à le visualiser à mon tour.

Mes remerciements également :

À Renee Sedliar, pour avoir su mener ce projet à terme en dépit de toutes les embûches ;

À C.M. Hardt, pour avoir lu mon manuscrit et m'avoir prodigué ses précieux conseils ;

À May Egner, pour ses nombreuses idées en matière de design et ses encouragements ;

À Salvatore Principato, pour la qualité de ses photos et la célérité dont il a fait preuve au moment où j'en avais le plus besoin ;

À Roni Neuer, de la Ronin Gallery, pour m'avoir si généreusement donné accès aux œuvres représentées dans ce livre.

Enfin, et surtout, mes remerciements à Naomi, Keith et Jonathan, sans l'amour de qui ce livre n'aurait jamais vu le jour, ainsi qu'à Tracy, pour toutes ces nuits de « recherche » que nous avons passées ensemble, pour le bonheur que j'ai eu de dormir auprès de toi et la joie que j'ai eue de me réveiller à tes côtés.

Autorisations

Nos plus sincères remerciements aux personnes qui nous ont accordé la permission d'insérer les extraits d'œuvres suivantes, déjà publiées ou en voie de publication :

Poèmes tirés de *Crow With No Mouth* © 1989 par Stephen Berg.
Reproduits avec l'aimable autorisation de Copper Canyon Press, Post Office Box 271, Port Townsend, WA 98368.

Poèmes tirés de *Wild Ways : Zen Poems of Ikkyu* © 1995, traduit par John Stevens et publié sous sa direction.
Reproduits avec l'aimable autorisation de Shambhala Publications, Inc., Boston.

Extraits de *The New Lao Tzu,* © 1995 par Ray Grigg.
Reproduits avec l'aimable autorisation de Charles E. Tuttle Co., Inc., Boston, Massachusetts et Tokyo, Japon.

Extraits de *The Turquoise Bee : Love Poems of the Sixth Dalai Lama,* © 1994 par Rick Fields, Brian Cutillo et Mayumi Oda. Traduit par Rick Fields, Brian Cutillo et Mayumi Oda.
Reproduits avec l'aimable autorisation de HarperCollins Publishers, Inc.

Pour communiquer avec l'auteur

Prière d'adresser vos commentaires, questions et autres demandes d'information à l'adresse électronique suivante :

psudo@zencomputer.com